…ición: septiembre de 2021
…inal: *Explaining Humans. What Science Can Teach Us about Life, Love*
…nships

…originalmente por Viking (2020)
…en Penguin Books (2021)

…nilla Pang, 2020
…ducción, Elena González García, 2021
…edición, Futurbox Project, S. L., 2021
…derechos reservados.
…e el derecho moral de la autora sobre la obra.

…cubierta: Penguin Books
…n de cubierta: Taller de los Libros
…cubierta: newannyart / iStock

…: Asier Calderón

…por Ático de los Libros
…287, 2.º 1.ª
…rcelona
…deloslibros.com
…deloslibros.com

…3-84-18217-42-5
…PD
…egal: B 14721-2021
…ón: Taller de los Libros
…y encuadernación: Liberdúplex
…n España — *Printed in Spain*

Cómo ser hu

Primera e
Título ori
and Relat
Publicado
Publicado

Diseño d
Adaptaci
Imagen d

Correcció

Publicado
C/ Aragó
08009, B
info@atic
www.atic

ISBN: 97
THEMA
Depósito
Preimpre
Impresió
Impreso

Camilla Pang

Cómo ser humano

Lo que la ciencia
nos enseña sobre
la vida, el amor
y las relaciones

Traducción de
Elena González García

ÁTICO DE
LOS LIBROS

Barcelona - Madrid - México D. F.

A mi madre, Sonia,
a mi padre, Peter,
y a mi hermana, Lydia

Mil gracias Alfredo por todo, han sido unos días increíbles para desconectar y comenzar el nuevo curso escolar con nuevos propósitos. Estoy segura que el libro "Yo soy Roma" te va a encantar.

Yo me llevo mis deberes con tus enseñanzas y recomendaciones.

Por último agradecerte ese viaje a mi infancia fue muy especial y (rel) revelador.

Espero que este libro te inspire y te de ideas que te hagan seguir explorando este viaje tan bonito que es conocerse uno mismo.

Te quiero mucho.

20. septiembre 2022

Índice

Introducción

Cuando llevaba cinco años viviendo en la Tierra, empecé a pensar que estaba en el lugar equivocado. Que me había pasado mi parada.

Me sentía como una extraña entre mi propia especie: alguien que entendía las palabras, pero no sabía hablar el idioma; que compartía una misma apariencia con el resto de humanos, pero ninguna de sus características fundamentales.

Me sentaba en una tienda de campaña triangular y multicolor —mi nave espacial— en el jardín de casa, ante un atlas abierto, y me preguntaba qué tendría que hacer para despegar y regresar a mi planeta natal.

Y al ver que eso no funcionaba, acudí a una de las pocas personas que pensaba que, tal vez, me entendería.

—Mamá, ¿hay algún manual de instrucciones para humanos?

Me miró perpleja.

—Sí, ya sabes… una guía, un libro que explique por qué las personas se comportan como lo hacen.

No estoy segura —descifrar las expresiones faciales no era, no es y nunca ha sido mi fuerte—, pero en aquel momento creo que fui testigo de cómo el corazón de mi madre se hacía añicos.

—No, Millie.

No tenía sentido. Había libros sobre todo cuanto sucedía en el universo, pero ninguno que me explicara cómo *ser;* ninguno que me preparara para el mundo; ninguno que me enseñara a rodear a alguien con el brazo para aliviar su aflicción, a reír cuando otros reían o a llorar cuando otros lloraban.

Sabía que mi existencia debía tener una razón de ser, y cuando, con el paso de los años, cada vez fui más consciente de mi condición, mi interés por la ciencia se fortaleció y supe qué debía hacer. Escribiría el manual que siempre había necesitado, una guía que explicara el comportamiento humano a otros que, como yo, no lo entendieran y que ayudara a quienes pensaran que lo entendían a ver las cosas desde otro punto de vista. Una guía de la vida para el marginado. Este libro.

No siempre me pareció algo obvio ni alcanzable. Cuando era una adolescente, leía al Doctor Seuss mientras repasaba para los Advanced Levels.* Para mí, leer ficción resulta aterrador. Sin embargo, lo que me falta lo compenso con las peculiaridades del funcionamiento de mi cerebro y con mi gran amor por la ciencia.

Me explico. La razón por la que nunca me sentí normal es que no lo soy. Tengo TEA (Trastorno del Espectro Autista), TDAH (Trastorno por Déficit de Atención e Hiperactividad) y TAG (Trastorno de Ansiedad Generalizada). Esta combinación puede hacer imposible la vida de una persona, o, al menos, eso es lo que a menudo te parece. Tener autismo es como jugar a un videojuego sin el mando, cocinar sin sartenes ni utensilios, o tocar música sin las notas.

---

* Se trata de unos exámenes optativos que realizan los estudiantes en Inglaterra, País de Gales e Irlanda del Norte al final de los dos últimos años de la enseñanza secundaria. *(Todas las notas son de la traductora.)*

A las personas con TEA nos cuesta más procesar y entender los acontecimientos de la vida cotidiana: no solemos filtrar lo que decimos o vemos, nos abrumamos con facilidad, y podemos tener comportamientos idiosincrásicos que pueden llevar a que nuestros talentos se obvien o incluso ignoren. Yo, por ejemplo, golpeo la mesa frente a mí, hago ruidos extraños y tengo ataques de tics imprevisibles. Digo lo que no debo en el momento más inoportuno, cuando vemos películas me río en las escenas tristes, y bombardeo a preguntas en las escenas cruciales. Y siempre estoy al borde de una crisis. Para hacerte una idea de cómo funciona mi mente, piensa en la final del campeonato de Wimbledon: la pelota —mi estado mental— va de un lado a otro cada vez más rápido. Bota y va de lado a lado sin detenerse. Entonces, de pronto, se produce un cambio. Un jugador resbala, comete un error o supera a su oponente. La pelota está fuera de control. Y llega la crisis.

Vivir así es de lo más frustrante, pero, al mismo tiempo, totalmente liberador. Estar fuera de lugar también significa estar en tu propio mundo, donde eres libre de crear tus propias reglas. Es más, con el tiempo me he dado cuenta de que mi curioso cóctel de neurodiversidad es una ventaja, un superpoder que me ha dotado de las herramientas necesarias para analizar los problemas de manera rápida, eficiente y exhaustiva. El TEA hace que vea el mundo de manera diferente, sin prejuicios ni ideas preconcebidas, y la ansiedad y el TDAH me permiten procesar la información a gran velocidad, mientras oscilo entre aburrimiento y concentración máxima y anticipo los resultados potenciales de cada situación a la que me enfrento. La neurodiversidad me ha generado muchas preguntas sobre en qué consiste ser humano, pero también me ha capacitado para encontrar las respuestas.

He buscado esas respuestas gracias a lo que más feliz me hace en esta vida: la ciencia. Si los humanos son ambiguos, contradictorios y confusos, la ciencia es fiable y clara. La ciencia no miente, oculta sus intenciones o habla a tus espaldas. A los siete años, me enamoré de los libros de ciencia de mi tío, una fuente de información directa y específica que no podía encontrar en ningún otro lugar. Cada domingo subía a su estudio y me refugiaba en ellos. Era mi válvula de escape. Por primera vez tenía una guía que me ayudaba a comprender lo que más me confundía: otros humanos. En mi pugna por encontrar la certeza en un mundo que a menudo se niega a ofrecerla, la ciencia ha sido mi más fiel aliada y mejor amiga.

Me ha proporcionado la lente a través de la que ahora veo el mundo, y me ha ayudado a comprender los comportamientos humanos más misteriosos que he visto durante mi aventura en el Planeta Humano. Aunque para muchos la ciencia parezca abstracta y técnica, también sirve para esclarecer algunos de los aspectos más importantes de la vida. Las células cancerígenas nos enseñan más sobre la colaboración efectiva que muchos ejercicios de fomento del espíritu de equipo; las proteínas de nuestro cuerpo ofrecen una nueva perspectiva sobre las relaciones y la interacción humana, y el aprendizaje automático resulta muy útil para la toma organizada de decisiones. La termodinámica nos explica las dificultades a la hora de poner orden en nuestras vidas, la teoría de juegos nos proporciona una ruta clara a través del laberinto de las convenciones sociales y la evolución demuestra por qué tenemos opiniones tan distintas. Comprender estos principios científicos nos permite entender nuestras vidas tal y como son: el origen de nuestros miedos, las bases de nuestras relaciones, el funcionamiento de nuestra memoria, la causa de nuestras discrepancias, la inestabilidad de nuestros sentimientos y el alcance de nuestra independencia. La ciencia ha sido la clave para acceder a un mundo cuyas puertas permanecían cerradas para mí. Y creo que las lecciones que nos brinda son importantes para todos, seamos neurotípicos o neurodivergentes. Si queremos comprender mejor a las personas, necesitamos saber cómo funcionan: tanto el funcionamiento de su cuerpo como del mundo natural. La biología y la fisioquímica, que la mayoría solo reconocemos como gráficos en un libro de texto, contienen personalidades, jerarquías y estructuras comunicacionales propias que son un reflejo de las que encontramos en nuestras experiencias cotidianas y nos ayudan a explicarlas. Querer comprender la una sin la otra es como leer un libro sin la mitad de las páginas. Entender mejor la ciencia, que sienta las bases de lo que nos hace humanos y del mundo en que vivimos, es esencial para comprendernos mejor a nosotros mismos y a quienes nos rodean. Donde las personas normalmente confiamos en el instinto, las conjeturas y las suposiciones, la ciencia aporta claridad y respuestas.

Yo tuve que aprender el comportamiento humano como una lengua extranjera. Así, descubrí que los que dicen dominar este idioma también tienen problemas de vocabulario y comprensión. Creo que este libro —el manual de instrucciones que creé por necesidad— puede ayudar a todo el mundo a comprender las relaciones, los dilemas personales y las situaciones sociales que definen nuestras vidas.

Desde que tengo uso de razón, mi vida ha estado dominada por una pregunta: ¿cómo se puede conectar con otras personas cuando no se está programado para ello? No siento amor, empatía o confianza de manera instintiva, aunque me encantaría. Por eso, me he convertido en mi propio experimento científico, y he puesto a prueba las palabras, los comportamientos y pensamientos que me permitirían ser, si no completamente humana, al menos un miembro funcional de mi propia especie.

En este empeño, he tenido la suerte de contar con el amor y el apoyo de mi familia, amigos y profesores, que han cuidado de mí (a diferencia de otros sobre los que leeréis más adelante). Precisamente por todos los privilegios con los que he contado, quiero compartir mi experiencia sobre lo que es posible y lo que puede conseguirse partiendo desde la diferencia. Con mi síndrome de Asperger —que suele concebirse como una forma de autismo altamente funcional que te hace demasiado «normal» para ser estereotípicamente autista y demasiado rara para ser neurotípicamente normal— me veo como una intérprete entre los dos mundos en que he vivido.

También sé que lo que cambió mi vida fue darme cuenta de que se me veía y se me comprendía. Saber que era una persona y que tenía derecho a ser yo misma: de hecho, tenía el deber de ser yo misma. Todos tenemos derecho a la conexión humana, a ser escuchados y tomados en serio. Sobre todo aquellos que, por naturaleza e instinto, tenemos dificultad para encontrar esa conexión. Con las experiencias e ideas que comparto en este libro, espero ser capaz tanto de subrayar la importancia de lo que nos une como personas, como de ofrecer nuevas perspectivas sobre cómo conseguirlo.

Así que os invito a acompañarme en este viaje hacia el extraño mundo de mi cerebro con Asperger y TDAH. Es un lugar peculiar, pero para nada aburrido. Coge un cuaderno y unos auriculares (yo rara vez me separo de los míos, ya que los uso como barrera entre mi cuerpo y la sobrecarga sensorial del mundo exterior). Con eso estarás preparado. Vamos allá.

1. Cómo pensar (realmente) más allá de las cajas

El aprendizaje automático y la toma de decisiones

—No puedes programar a las personas, Millie. Es imposible.

Tenía once años y discutía con mi hermana mayor.

—Entonces ¿cómo pensamos?

Era algo que en aquel momento ya intuía, pero que solo comprendí con exactitud años después: el pensamiento humano no dista demasiado del funcionamiento de un programa informático. Quienes leéis esto estáis procesando pensamientos. Al igual que un algoritmo informático, procesamos y respondemos a la información: instrucciones, datos y estímulos externos. Clasificamos la información y la empleamos para tomar decisiones conscientes e inconscientes. También la categorizamos para su uso posterior, como las carpetas de un ordenador, archivadas en orden de prioridad. La mente humana es un procesador extraordinario, cuya increíble potencia nos distingue como especie.

Todos llevamos un súper ordenador en la cabeza. Pero, a pesar de ello, nos cuesta tomar decisiones cotidianas. (¿Quién no se ha desesperado al elegir un modelito, redactar un correo electrónico o decidir qué comer?). Decimos que no sabemos qué pensar, o que estamos abrumados por la información y las opciones que nos rodean.

Pero no debería ser así, cuando disponemos de una máquina tan poderosa como el cerebro. Si queremos tomar mejores decisiones, debemos hacer un mejor uso del órgano que se dedica justamente a eso.

Puede que las máquinas sean un pobre sustituto del cerebro humano —carecen de su creatividad, adaptabilidad y perspectiva emocional—, pero pueden enseñarnos a pensar y tomar decisiones de una forma más efectiva. Mediante el estudio de la ciencia del aprendizaje automático, podemos entender las diferentes formas de procesar la información y pulir nuestra manera de abordar la toma de decisiones.

En este capítulo expondré lo que los ordenadores pueden enseñarnos sobre la toma de decisiones. Sin embargo, también hay una lección en particular que contradice al sentido común. Para tomar mejores decisiones, no necesitamos ser más organizados, rigurosos o metódicos en nuestra manera de abordar e interpretar la información. Se cree que el aprendizaje automático sigue esta dinámica, pero es más bien al contrario. Como explicaré, los algoritmos destacan por su habilidad para desestructurarse, funcionar en la complejidad y la aleatoriedad y responder de manera efectiva a los cambios. Por el contrario, paradójicamente, los humanos buscamos patrones ordenados y simples de pensamiento, evitando las realidades más complejas que las máquinas abordan como cualquier otra parte del conjunto de datos.

Necesitamos parte de esa lucidez y una mayor disposición a pensar de forma más compleja en cosas que nunca pueden ser simples o sencillas. Es hora de admitir que el ordenador es más capaz que tú de pensar más allá de la caja. Pero no está todo perdido: los ordenadores pueden enseñarnos a hacer lo mismo.

Aprendizaje automático: conceptos básicos

El aprendizaje automático es un concepto del que quizá hayas oído hablar junto con otro que está muy a la orden del día: la inteligencia artificial (IA). Esta a menudo se presenta como la gran pesadilla de la ciencia ficción. Sin embargo, no es más que una gota en comparación con el océano del ordenador más potente conocido por la humanidad: el que hay en nuestra cabeza. La capacidad del cerebro para pensar de forma consciente, intuir e imaginar es lo que lo diferencia de cualquier programa informático. Los algoritmos son asombrosamente potentes a la hora de gestionar volúmenes ingentes de datos e identificar las tendencias y patrones para los que se han programado. Sin embargo, también son sumamente limitados.

El aprendizaje automático es una rama de la IA. Como concepto, es bastante simple: se proporcionan grandes cantidades de datos a un algoritmo, y este asimila o detecta patrones y los aplica a cualquier nueva información que encuentra. En teoría, cuantos más datos, mejor interpretará el algoritmo situaciones similares que se le presenten en el futuro.

El aprendizaje automático es lo que permite al ordenador diferenciar entre un gato y un perro, estudiar las enfermedades o calcular la energía que necesitará un hogar (e incluso toda la red eléctrica nacional) en un periodo determinado. Por no hablar de sus victorias frente a jugadores profesionales de ajedrez y de *go*.

Los algoritmos están por todas partes, y procesan una cantidad inimaginable de datos que lo determinan todo, desde las películas que Netflix nos recomienda hasta cuando el banco sugiere que nos han estafado, o qué correos electrónicos van a la carpeta de *spam*.

Aunque parezcan insignificantes en comparación con el cerebro humano, estos programas informáticos básicos también pueden enseñarnos a hacer un uso efectivo de nuestros ordenadores mentales. Para entender cómo, solo debemos echar un vistazo a las técnicas básicas del aprendizaje automático: supervisado y no supervisado.

Aprendizaje supervisado

El aprendizaje automático supervisado es aquel que busca un resultado específico, por lo que el algoritmo se programa para que llegue a él. Se parece a los libros de matemáticas que incluían las soluciones al final y cuya dificultad residía en realizar el proceso necesario para obtenerlas. Es supervisado, ya que, como programadores, conocemos la solución. El reto está en lograr que el algoritmo obtenga siempre la respuesta correcta a partir de una gran variedad de posibles *inputs*.

Por ejemplo, ¿cómo podemos asegurarnos de que el algoritmo de un vehículo autónomo siempre distinga entre un semáforo en rojo y uno en verde, o reconozca el aspecto de un peatón? ¿Cómo podemos garantizar que el algoritmo empleado para diagnosticar el cáncer identifique correctamente un tumor?

Este sistema se denomina de clasificación y es una de las aplicaciones principales del aprendizaje supervisado, en la clasificación se intenta que el algoritmo etiquete algo correctamente y que demuestre (y con el tiempo mejore) su fiabilidad en todo tipo de situaciones reales. El aprendizaje automático supervisado produce algoritmos muy eficientes y tienen multitud de aplicaciones prácticas, aunque en el fondo no son más que máquinas clasificadoras y etiquetadoras que mejoran cuanto más se las utiliza.

Aprendizaje no supervisado

Por el contrario, el aprendizaje no supervisado parte sin tener noción alguna sobre cuál debería ser la respuesta. No hay respuestas correctas que el algoritmo deba obtener. En lugar de eso, está programado para abordar la información e identificar sus patrones inherentes. Por ejemplo, si disponemos de datos concretos sobre un conjunto de votantes o clientes, y deseamos comprender sus motivaciones, podríamos utilizar el aprendizaje automático no supervisado para detectar y demostrar tendencias que expliquen su comportamiento. ¿La gente de una edad determinada compra a una hora específica en un lugar concreto? ¿Qué tienen en común las personas de una zona que votan al mismo partido político?

En mi trabajo, donde exploro la estructura celular del sistema inmunitario, utilizo el aprendizaje automático no supervisado para identificar patrones en las poblaciones celulares. Busco patrones, aunque no sé cuáles son ni dónde están, de ahí el uso de este tipo de aprendizaje automático.

Este sistema se denomina de agrupación, y en él se agrupan datos basándose en sus rasgos y temáticas comunes, sin necesidad de etiquetarlos como A, B, o C, ni de ninguna otra forma preconcebida. Resulta muy útil cuando sabemos qué áreas generales queremos explorar, pero no sabemos cómo acceder a ellas, ni dónde buscar, en el conjunto de datos disponibles. También sirve para situaciones en las que queremos que los datos hablen por sí solos en lugar de partir de conclusiones preestablecidas.

La toma de decisiones: cajas y árboles

Cuando se trata de tomar decisiones, nos encontramos con una elección similar a la descrita. Podemos establecer un número aleatorio de resultados potenciales y escoger entre ellos, abordando los problemas de forma deductiva, empezando por la respuesta deseada, como hace un algoritmo supervisado: por ejemplo, una empresa que valore a los candidatos para ver si tienen cierto nivel de estudios o un mínimo de experiencia. También se puede emplear un método inductivo partiendo de los requisitos, guiándose por los detalles y dejando que las conclusiones surjan de forma natural: el aprendizaje no supervisado. Si seguimos con el ejemplo de selección de personal, la empresa valorará a todos los candidatos según sus méritos, y tendrá en cuenta todos los datos disponibles —la personalidad, las habilidades transferibles, el entusiasmo por el trabajo, el interés y el compromiso— en lugar de tomar una decisión basada en requisitos delimitados y preestablecidos. Las personas que nos encontramos en el espectro autista partimos de este enfoque inductivo, ya que se nos da muy bien relacionar detalles cuidadosamente seleccionados hasta formar una conclusión. De hecho, necesitamos explorar toda la información y todas las opciones antes de siquiera aproximarnos a una conclusión.

Me gusta pensar en las distintas formas de abordar la información como algo parecido a montar una caja (toma de decisiones supervisada) o plantar un árbol (toma de decisiones no supervisada).

Pensar en cajas

Las cajas son la opción más cómoda. Agrupan los datos y las alternativas disponibles de forma ordenada, de manera que se puedan contemplar todas las aproximaciones y las opciones resulten obvias. Las cajas se pueden construir, apilar y hasta te puedes subir encima de ellas. Son congruentes, coherentes y lógicas. Esta forma de pensar es meticulosa y organizada, ya que las opciones disponibles están claras.

Por el contrario, los árboles crecen de forma orgánica y, en algunos casos, de manera descontrolada. Tienen muchas ramas que contienen hojas con todo tipo de complejidades ocultas. Un árbol puede llevarnos en cualquier dirección y muchas de ellas pueden resultar callejones sin salida o laberintos a efectos de la toma de decisiones.

Pero ¿cuál es mejor? ¿La caja o el árbol? Aunque ambos resultan necesarios, la mayoría de la gente se encierra en las cajas y nunca aborda ni la primera rama del árbol de decisiones.

Sin lugar a dudas, este era mi caso. Yo pensaba en términos de cajas, sin importar lo que ocurriera. Al verme enfrentada a situaciones que no conseguía entender, me aferraba a cada fragmento de información disponible. Entre el olor a tostada quemada que había cada día a las 10.48 y los cotilleos de los grupitos de niñas, yo me centraba en mi equivalente recreativo: jugar a los videojuegos y leer libros de ciencia.

Mientras estuve en el internado, cada noche disfrutaba de mi soledad leyendo y copiando fragmentos de los libros de ciencias y matemáticas. Eran los manuales de instrucciones en los que confiaba. Sentía gran placer y alivio al realizar este ritual una y otra vez con diferentes libros de ciencia, no sabía por qué, hasta que conseguía extraer una ínfima partícula de comprensión gravitacional de la realidad que me rodeaba. Mi lógica de control. Extraía de estos libros reglas que me parecían grabadas en piedra y me enseñaban cómo comer de forma «correcta», relacionarme de forma «correcta» o moverme entre las aulas de forma «correcta». Me quedé estancada en el círculo vicioso de saber lo que me gustaba y de que me gustara lo que sabía, regurgitándome a mí misma una especie de «deberes» porque me parecían seguros y fiables.

Y, cuando no leía, observaba: memorizaba el número de las matrículas durante los trayectos en coche o me sentaba a la mesa a contemplar la forma que tenían las uñas de la gente. Al ser una marginada, en la escuela utilizaba lo que ahora reconozco como un sistema de clasificación para comprender a la gente que entraba en mi mundo. ¿Dónde encajarían en el mundo de normas y comportamientos sociales no escritos que tanto me costaba comprender? ¿Hacia qué grupo gravitarían? ¿En qué caja podría colocarlos? Cuando era niña, llegué a insistir en dormir en una caja de cartón, ya que me reconfortaba sentirme resguardada dentro de sus confines (mi madre me daba galletas a través de «una gatera» que hicimos en uno de los lados).

Debido a que pensaba en cajas, quería saberlo todo sobre el mundo y la gente que me rodeaba; me consolaba pensando que cuanta más información recopilara, mejores decisiones tomaría. Sin embargo, dado que no contaba

Este es el punto del andén más seguro para mí

Tengo que coger este tren antes de la hora punta

CAJAS:
LIMITADAS POR LOS
PENSAMIENTOS*

Tengo que sentarme en este asiento

Evitar a la gente maloliente

Tengo que permanecer en la parte izquierda del tren

*El TOC intensifica este efecto
(todos deben ser satisfechos [o la mayoría])
• En ocasiones, no todos propician el resto

con ningún mecanismo efectivo para procesar esta información, solo iba acumulando cajas de información inútil, como quien acapara trastos de manera compulsiva sin ser capaz de tirar nada a la basura. Este proceso me bloqueaba hasta el punto de que, en ocasiones, me costaba salir de la cama porque estaba demasiado concentrada en descubrir en qué ángulo exacto debía mantener el cuerpo para hacerlo. Cuantas más cajas de información irrelevante se acumulaban en mi cerebro, más perdida y agotada me sentía, ya que todas empezaban a parecerme iguales.

Mi mente también interpretaba la información y las instrucciones de forma totalmente literal. Una vez estaba ayudando a mi madre en la cocina y me pidió que saliera a comprar algunos ingredientes: «Compra cinco manzanas, y si tienen huevos, compra una docena». Podréis imaginar su exasperación cuando volví con doce manzanas (ya que en la tienda había huevos). El pensar en cajas me impedía escapar de los límites cien por cien literales de una orden como esa, algo que todavía hoy me resulta complicado: como el hecho de que hasta hace poco pensara que uno puede matricularse de verdad en la Universidad de la Vida.

La clasificación es una herramienta poderosa y útil para la toma de decisiones inmediatas sobre cosas, como qué ponerse por la mañana o qué película ver, pero supone una grave limitación con respecto a nuestra habilidad para procesar e interpretar la información y tomar decisiones más complejas utilizando datos del pasado para dar forma a nuestro futuro.

Si intentamos clasificar nuestras vidas pensando en cajas, bloqueamos demasiadas probabilidades y limitamos el abanico de resultados potenciales. Solo conoceremos una ruta para llegar al trabajo, aprenderemos a cocinar unos pocos platos, y siempre iremos a los mismos lugares. Esta manera de pensar nos limita a las cosas que ya conocemos y a los «datos» de la vida que ya hemos recopilado. No deja espacio para ver las cosas desde otra perspectiva, librarnos de las ideas preconcebidas o probar algo nuevo y desconocido. Se trata del equivalente mental a hacer exactamente la misma rutina de gimnasia día tras día: con el tiempo, el cuerpo se adapta a ciertos ejercicios y los resultados del entrenamiento son menores. Para alcanzar los objetivos, hay que seguir asumiendo retos y salir de unas cajas que te encierran más cuanto más tiempo permaneces en ellas.

Este pensamiento también nos lleva a concebir en cada decisión que tomemos como definitivamente correcta o incorrecta en términos absolutos y a etiquetarla según estos parámetros, como un algoritmo diferenciaría a un hámster de una rata. No hay lugar para matices, aspectos inciertos o aspectos que no hemos considerado o descubierto: cosas que podrían gustarnos o en las que podríamos destacar. El pensar en cajas nos lleva a clasificarnos en función de nuestros gustos, de lo que queremos en la vida y de lo que se nos da bien. Cuanto más aceptamos esta clasificación, menos dispuestos estamos a explorar más allá de sus límites y de ponernos a prueba.

Además, carece de rigor científico, ya que dejamos que las conclusiones marquen los datos disponibles, cuando debería ser al contrario. A menos que creas que de verdad sabes la respuesta a todas las preguntas y cuestiones de la vida antes de haber valorado las pruebas, pensar en cajas limitará tu capacidad de tomar buenas decisiones. Tener opciones perfectamente delimitadas puede ser agradable, pero probablemente se trate de un falso consuelo.

Esta es la razón por la que debemos dejar de utilizar las cajas que empleamos para la toma de decisiones y aprender del algoritmo no supervisado (o, si lo prefieres, volver a la infancia y trepar unos cuantos árboles).

Que yo recomiende un método caótico y desestructurado en lugar de uno meticuloso y lógico puede resultar sorprendente. ¿No debería una mente científica sentirse naturalmente atraída por lo segundo? Pues no. Más bien al contrario. Porque, aunque un árbol pueda parecer caótico, esa característica lo vuelve una representación mucho más fiel de nuestras vidas que las líneas rectas de una caja. Aunque el pensamiento en cajas resultaba más cómodo, dado que mi TEA me lleva a procesar y acumular información, con el tiempo me he dado cuenta de que la agrupación es, con diferencia, la manera más útil de comprender el mundo que me rodea y de moverme en él.

Todos navegamos entre las incoherencias, imprevistos y arbitrariedades que conforman la vida real. En este contexto, nuestras elecciones no siempre son binarias, y la información con la que contamos no está dispuesta en montones ordenados. Los bordes definidos de la caja no son más que una ilusión reconfortante, ya que nada en la vida es tan sencillo. Las cajas son estáticas e inflexibles, mientras que nuestras vidas son dinámicas y cambian constantemente. Por el contrario, los árboles evolucionan, igual que nosotros. Y sus múltiples ramas, en comparación con los cuatro bordes de una caja, nos permiten contemplar una mayor cantidad de resultados, que reflejan la multitud de opciones a nuestro alcance.

De manera significativa, el árbol está totalmente equipado para sostener nuestra toma de decisiones, ya que es escalable. Al igual que un fractal, que tiene la misma apariencia de lejos que de cerca, cumple su función sea cual sea el tamaño y la complejidad del problema. Como las nubes, las piñas o esa col romanesco que todos vemos en el supermercado, pero nunca compramos, el árbol de decisiones guarda la misma estructura sea cual sea su escala o su perspectiva. A diferencia de la caja, limitada por su propia forma a una relevancia totalmente fugaz, el árbol puede ramificarse de un lugar a otro, de un recuerdo a otro y de una decisión a otra. Es aplicable a diferentes contextos y momentos. Se puede analizar un solo aspecto o trazar el recorrido de toda una vida. El árbol conservará su forma esencial y será un aliado fiel en la toma de decisiones.

La ciencia nos enseña a aceptar las realidades complejas, no a tratar de suavizarlas con la esperanza de que desaparezcan. Solo podemos entender —y posteriormente decidir— si exploramos, cuestionamos y reconciliamos aquello que no encaja a la perfección. Si queremos ser más científicos en la toma de decisiones, tenemos que aceptar el desorden antes de buscar patrones con la esperanza de sacar conclusiones. Para ello, debemos adoptar el pensamiento en árbol. Os enseñaré cómo es.

Pensar como un árbol

El pensamiento en árbol ha sido mi salvación. Es lo que me permite ser funcional en mi día a día, o realizar tareas que para la mayoría pueden parecer normales —como ir al trabajo— pero que realmente podrían ser muros insalvables para mí. Cosas como una aglomeración, un ruido o un olor repentino, o cualquier cosa que se salga de lo previsto, pueden provocarme una crisis.

Sin embargo, aunque el TEA me hace ansiar la certeza, no significa que los métodos de toma de decisiones simplistas sean adecuados para mí. Quiero saber qué va a pasar, pero eso no significa que esté preparada para aceptar el camino más corto entre A y B (y gracias a mi experiencia y a la ansiedad constante, sé que el camino nunca es tan fácil). Es todo lo contrario, ya que me resulta muy difícil detener los pensamientos que me llevan a todo tipo de posibilidades basadas en todo lo que veo y escucho a mi alrededor. En mi mundo, puedo llegar a faltar a una cita, dejar de contestar a los mensajes y perder la noción del tiempo, solo porque he visto algo parecido a un mirlo posado sobre un tejado, y me pregunto cómo ha llegado hasta allí, y adónde irá después. O me distraigo al notar que la acera huele a pasas después de haber llovido y cuando quiero darme cuenta estoy a punto de chocar con una farola.

Lo que se percibe desde el exterior es solo la punta del iceberg. Mi mente es un caleidoscopio de posibilidades futuras basadas en lo que observo y en mi experiencia. Esa es la razón por la que tengo un montón de tarjetas de cliente de cafeterías, con todas las casillas selladas, pero que nunca he usado. No soy capaz de decidir qué riesgo es mayor: que haya un momento en que las necesite más que ahora, o que la cadena en cuestión deje de existir antes de que las utilice. El efecto neto es que no hago nada en absoluto con ellas. (Pero ojo: no considero que ninguna de estas proyecciones futuras sea incorrecta. Son cosas que no han sucedido, pero que aún podrían suceder).

Eso por no hablar de mi TDAH, que hace que mi percepción del tiempo se contraiga, se dilate o incluso llegue a desaparecer por completo. Como la información vuela por mi mente a gran velocidad, acabo inquieta y temblorosa, como si viviera una semana de pensamientos y emociones en una sola hora en la que puedo pasar de la euforia al abatimiento y del optimismo a la desesperación. No es lo ideal para hacer listas de tareas.

Por este mismo motivo, necesito un ambiente de trabajo caótico para ser productiva. Lo lleno todo de papeles, tomo notas en todo lo que tenga a mano y dejo que el material se amontone a mi alrededor, todo ello acompañado por los ruidos de fondo de la habitación. Encuentro este «caos» estimulante, como una desbrozadora que corta el incesante ruido de mi mente y me permite concentrarme. Al contrario de lo que nos enseñan en la escuela, el silencio no me ayuda a concentrarme, sino que me provoca una tensión que me impide hacer nada.

Mi cerebro anhela la certeza y al mismo tiempo se alimenta del caos. Para seguir funcionando he tenido que desarrollar una técnica que satisfaga tanto mi necesidad de pensar en todo, como mi deseo de una vida ordenada que me permita saber con exactitud dónde y cuándo voy a estar. Y ahí es donde entran los árboles.

Un árbol de decisiones me permite alcanzar un final específico —que puede ser una de las múltiples respuestas potenciales, pero al menos sé cuáles son— empleando medios que en ocasiones pueden ser caóticos. Proporciona una estructura a lo que sé que mi mente hará: un recorrido a través de un sinfín de posibilidades. Sin embargo, lo hace de una manera que me aporta algo útil: una conclusión sobre las decisiones que puedo tomar que me brinda certeza. También me ayuda a no poner todos los huevos en una misma cesta, un proceso que a veces me hace parecer ligeramente fría e indiferente.

Piensa en tu camino al trabajo. Yo tengo que cruzar Londres en tren. Para mí, ese trayecto implica un potencial ataque de ansiedad. El vagón abarrotado, el ruido, los olores, los espacios cerrados. El árbol de decisiones me ayuda a minimizar las probabilidades de una crisis. Sé qué tren voy a coger, lo que me permite considerar qué hacer si se retrasa, se cancela, o llego tarde. Sé dónde me quiero sentar, y qué hacer si esos asientos están ocupados o hay demasiado ruido. Considero todo lo que necesito para asegurar un viaje sin crisis —la hora adecuada, previa a la hora punta, el asiento adecuado, alejado de las partes que peor huelen del tren; el lugar adecuado para esperar en el andén— y después me deslizo a través de las ramas que surgen de cada una de estas posibilidades para prever los casos en los que estas resulten imposibles. Soy un títere en manos de la probabilidad, que me guía a través de sus hilos y me permite maniobrar entre sus ramificaciones. En lugar de una rutina preestablecida y frágil, que puede sucumbir ante el estrés, cuento con múltiples árboles de decisiones que me permiten moverme entre sus ramas. En mi mente, he vivido todo tipo de escenarios, la mayoría de los cuales nunca se hacen realidad, con la esperanza de evitar encontrar uno que no haya previsto y que me haga perder el control.

Antes de tomar cualquier decisión que me garantice un viaje seguro, necesito trazar este caótico mapa mental. El caos aparente del árbol de decisiones es necesario porque me aporta la sensación de certeza necesaria para ser funcional.

Para muchos, esto puede sonar a mucho trabajo (¡cuánta razón tienen!) y quiero que quede claro que no sugiero que nadie empiece su rutina matutina de esta manera. Yo necesito hacerlo así, porque, de otra manera, me sentiría demasiado abrumada y no conseguiría salir de casa. Sin embargo, creo que este método es también muy útil para la toma de decisiones más complejas, esas en las que el instinto y los métodos neurotípicos suelen fallar.

Mientras que el reto para un cerebro con TEA/TDAH es no bloquearse por pensar demasiado, lo contrario también supone un problema. Si no profundizas lo suficiente en el conjunto de datos que rodea a toda decisión importante, consideras las diferentes posibilidades y resultados, así como las ramas del árbol que las diferentes decisiones bloquearán o abrirán simultáneamente, estás decidiendo a ciegas. Es evidente que no podemos predecir el futuro, pero, para la mayoría de las situaciones, podemos agrupar datos suficientes y establecer suficientes posibilidades como para hacernos un mapa bastante aproximado. Lo que yo hago para tranquilizarme y librarme de la ansiedad cotidiana también puede aplicarse a las decisiones difíciles en tu vida. El árbol de decisiones nos permite partir de lo que sabemos y analizar las distintas posibilidades, no de una forma prescriptiva basada en resultados fijos, sino dejando que las pruebas guíen nuestras conclusiones, y considerando los múltiples resultados y sus implicaciones.

Los árboles también son necesarios para entender las preguntas abiertas y confusas que tanto gustan a la gen-

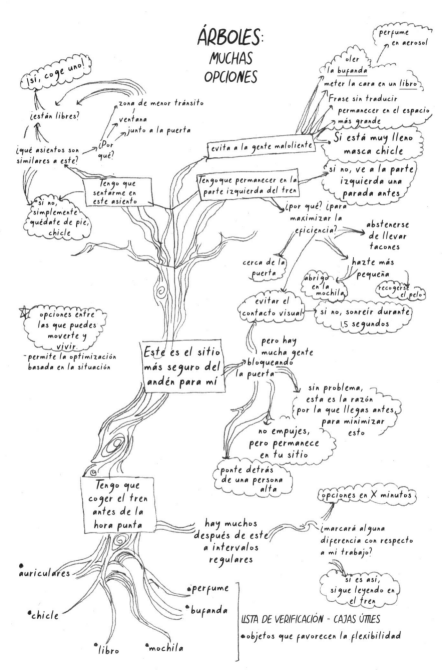

ÁRBOLES:
MUCHAS OPCIONES

perfume en aerosol

oler la bufanda

meter la cara en un libro

¡si, coge uno!

¿están libres?

zona de menor tránsito
ventana
junto a la puerta

¿qué asientos son similares a este?

¿Por qué?

evita a la gente maloliente

Frase sin traducir
permanecer en el espacio más grande

Si está muy lleno masca chicle

si no, ve a la parte izquierda una parada antes

Tengo que sentarme en este asiento

Tengo que permanecer en la parte izquierda del tren

¿si no, simplemente quédate de pie, chicle

¿por qué? ¿para maximizar la eficiencia?

abstenerse de llevar tacones

cerca de la puerta

hazte más pequeña

recogerse el pelo

abrigo en la mochila

☆ opciones entre las que puedes moverte y vivir.
– permite la optimización basada en la situación

evitar el contacto visual

si no, sonreír durante 1,5 segundos

Este es el sitio más seguro del andén para mí

pero hay mucha gente bloqueando la puerta

sin problema, esta es la razón por la que llegas antes, para minimizar esto

no empujes, pero permanece en tu sitio

ponte detrás de una persona alta

opciones en X minutos

Tengo que coger el tren antes de la hora punta

hay muchos después de este a intervalos regulares

¿marcará alguna diferencia con respecto a mi trabajo?

si es así, sigue leyendo en el tren

•auriculares

•chicle

•perfume

•bufanda

•libro

•mochila

LISTA DE VERIFICACIÓN – CAJAS ÚTILES
•objetos que favorecen la flexibilidad

te. Si alguien me pregunta: «¿Te apetece hacer algo hoy?», instintivamente, responderé: «No lo sé, a lo mejor». Necesito opciones específicas —ramificaciones del árbol— que ofrezcan una ruta desde el caos de la libertad total hasta la restricción que supone una decisión, una ruta que siga dejando abiertas alternativas a las que revertir. Un árbol convierte la multitud de acontecimientos subyacentes y las variables inherentes a cualquier decisión en una especie de hoja de ruta. Esto puede hacer que cada conversación sea una travesía compleja, pero, al menos, me permite encontrar el rumbo a seguir.

Por el contrario, cuando tomamos decisiones basadas en el pensamiento en cajas, solemos hacerlo a partir de una combinación de emociones e instintos. Ninguna de las dos cosas es demasiado fiable y, créeme: no hay nada como un TDAH para comprender lo que significa tomar decisiones inmediatas después de que las emociones te hayan abrumado. Es lo más.

Las buenas decisiones no suelen surgir de conjeturas disfrazadas de certezas, sino del caos, también conocido como hechos o datos. Es necesario empezar desde ahí y abrirse paso hacia las conclusiones, en lugar de empezar a partir de estas. Y para ello, se necesita un árbol por el que trepar.

Entonces, ¿cómo decido?

Estarás pensando que el árbol está muy bien en teoría, pero, con tantas ramas, ¿cómo podemos tomar una decisión? ¿No nos arriesgamos a perdernos entre la maravillosa complejidad que nos rodea?

Sí, existe ese riesgo (¡bienvenido a mi mundo!), pero no hay de qué preocuparse, el aprendizaje automático nos respalda. Los algoritmos tienen mucho que enseñarnos sobre cómo filtrar la gran cantidad de información que recibimos y sacar conclusiones, que es exactamente lo que debemos hacer para que el método del árbol nos sea útil en el día a día. Cualquier proceso de aprendizaje automático comienza con lo que llamamos la selección de variables, que consiste en separar los datos útiles de los que no lo son. Debemos acotar el conjunto de pruebas y centrarnos en la información que pueda llevarnos hacia las conclusiones. Se trata de establecer los parámetros de los experimentos que se llevarán a cabo.

¿Y esto cómo se hace? Existen varios métodos, pero uno de los más típicos del aprendizaje automático no supervisado es el «agrupamiento de K-medias». Este proceso consiste en crear grupos indicativos en el conjunto de datos basados en su nivel de relación. Básicamente, se trata de agrupar aquello que parece similar o que tiene rasgos comunes para crear grupos, para después usarlos para comprobar y desarrollar las conjeturas. Dado que no sabemos cuál es la respuesta correcta, nuestra mente permanece abierta a múltiples conclusiones y solo se centra en lo que se puede inducir a partir de la información, permitiendo que esta cuente su propia historia.

¿Tan diferente es esto de las decisiones que debemos tomar constantemente? Ya sean elecciones insignificantes o vitales, siempre contamos con datos que podemos analizar e intentar de agrupar. Si se trata de elegir qué ponernos, sabemos qué ropa nos hace sentir bien, qué es apropiado para la ocasión y qué pueden pensar los demás. Si se trata de decidir si aceptar un trabajo en otro país, los datos clave pueden ir desde el sueldo ofertado hasta nuestro estilo de vida, la proximidad de nuestros amigos y familia, y las ambiciones laborales.

Si, a la hora de tomar una decisión, alguna vez has pensado «no sé por dónde empezar», entonces la selección de variables no es un mal punto de partida: aunque la elección resulte muy difícil, te permite considerar muchas alternativas posibles, lo que te fortalece y empodera.

Primero hay que separar las cosas realmente importantes de aquellas que son solo distracciones; uno de los aspectos principales de la decisión debe ser la manera en que te haría sentir, ya sea en el presente o en el futuro. Luego, se agrupan aquellos que tienen rasgos comunes: los que ayudan a llegar del punto A al punto B, o que cumplen una necesidad o ambición concreta. Y, a partir de estas agrupaciones, podremos empezar a construir las ramas de nuestro árbol de decisión y observar cómo se relacionan los datos clave. Este proceso ayuda a discernir las auténticas elecciones a las que nos enfrentamos y a distinguirlas de aquellas que creíamos más importantes antes de empezar el análisis (puede que por el FOMO* o por el juicio de terceros en redes sociales). Estos factores existen en su propio árbol, que no tiene que ver contigo y, simplemente, no pueden compararse con las elecciones relevantes.

Nunca se trata solo a una elección entre el top rojo o el negro, o entre este trabajo o el otro. Esos solo son símbolos y expresiones de lo que realmente queremos. Solo mediante la selección de datos y la construcción del árbol de decisiones podemos trazar un recorrido a través de las

---

* Describe el miedo a perderse algo. Se trata de un fenómeno social estrechamente ligado a la digitalización de la sociedad actual.

elecciones a las que nos enfrentamos y tomar decisiones basadas en resultados realmente significativos; por ejemplo: ¿me hará sentir feliz y realizada?

Siempre resulta más complejo que las decisiones binarias de «sí o no» que nos gustaría que existieran. Debemos profundizar más allá de las elecciones inmediatas y extraer información sobre las emociones, ambiciones, esperanzas y temores que nos produce la decisión a la que nos enfrentamos, comprender cual cómo se vinculan y qué nos lleva adonde. De esta manera, seremos más realistas sobre qué podemos esperar y qué no podemos esperar de una elección determinada y tomaremos las decisiones importantes en base a lo fundamental y lo que más valoramos de nuestras vidas y no dejándonos llevar por las cajas irrelevantes que se amontonan a nuestro alrededor. Estas solo representan el lastre emocional y los instintos inmediatos, que a menudo están en las cajas de los «deberes» sociales («debería ver mundo mientras soy joven», «debería sentar la cabeza y no aceptar ese arriesgado trabajo en el extranjero», etcétera) sobre cómo ser y comportarse. Según esta forma de pensar, las variaciones en la salud mental suelen considerarse una batalla perdida, ya que de forma natural apartan y desafían las cajas.

El proceso de aprendizaje automático también nos enseña a usar los hechos con los que contamos. La selección de variables y el agrupamiento de k-medias solo nos ubican en la línea de salida. Para alcanzar conclusiones necesitaremos una fase extra de prueba, iteración y perfeccionamiento. En ciencia, los hechos tienen que estar contrastados, tienen que poder comprobarse, y no solo difundidos como las tablas de los Diez Mandamientos. Las hipótesis se plantean de manera que se puedan cuestionar y mejorar, no para que se tomen como guías de por vida, por muy sólidas que puedan parecer.

Los hechos de nuestras vidas deberían seguir este mismo proceso. Está claro que debemos seguir la rama del árbol que parezca más favorable, pero no hay por qué cortar todas las demás (lo que supondría declarar una opción como «correcta» y la otra como «incorrecta»). Es importante exprimentar con lo que creemos que queremos, y estar dispuestos a rectificar y ajustar nuestras conjeturas si no funcionan según lo esperado. El atractivo de una estructura similar a la de un árbol reside en la posibilidad de movernos con facilidad entre las ramas, mientras que movernos entre cajas aparentemente inconexas puede provocarnos ansiedad e impedirnos ver el camino a seguir, lo que acaba inevitablemente en una retirada. Igualmente que todos los conjuntos de datos contienen una serie de patrones, verdades ocultas y pistas falsas, nuestras vidas comprenden toda una selección de caminos, bifurcaciones y callejones sin salida. Clasificar los hechos puede ayudarnos a averiguar el camino a seguir, pero no descartes tener que dar un paso atrás y volver a intentarlo. La vida no es lineal, está repleta de ramificaciones, y necesitamos que nuestros patrones de pensamiento se ajusten a esa realidad.

Esto puede parecer caótico, pero es un método mucho más científico y sostenible que tomar una decisión y aferrarse a ella a pesar de los hechos. Nos permite trazar el rumbo de nuestra vida igual que se diseñan las máquinas: con más precisión y mayor disposición a probar, aprender y perfeccionar. También se trata de algo en lo que mejoramos con el tiempo: a medida que crecemos, acumulamos más datos, lo que nos permite elaborar árboles más maduros y complejos que reflejan con mayor exactitud la realidad de una situación, como el dibujo de una casa de un arquitecto en comparación con el de un niño.

La buena noticia es que probablemente ya estés realizando este proceso, aunque sea un poco. Las redes sociales han sacado el científico que todos llevamos dentro, en lo que se refiere al arte de subir la foto perfecta. ¿Qué ángulo, qué combinación de personas y objetos, en qué momento del día y qué *hashtags?* Observamos, probamos y volvemos a intentarlo para perfeccionar nuestro método de documentar nuestras vidas perfectas para que el mundo las vea. Y si puedes hacerlo en Instagram, también puedes hacerlo con el resto de tu vida.

Aprender a aceptar los errores

Si abordamos la toma de decisiones desde esta perspectiva, introduciendo caos y complejidad en nuestro modelo mental, a través del pensamiento en árbol o aprendizaje no supervisado, desarrollaremos un método más realista que nos ayude predecir los acontecimientos y tomar decisiones basadas en los datos disponibles.

Este método no solo es útil por ser escalable, flexible y por representar de forma clara la compleja realidad de nuestras vidas. También nos proporciona las herramientas necesarias para responder cuando las cosas van mal, o en situaciones en que creemos que podrían salir mal.

Este es el punto, por decirlo sin ambages, en que una aproximación científica funciona mucho mejor que la de las personas. El error no perturba a los bioquímicos o los estadísticos, porque no se lo pueden permitir. Puede resultar exasperante y consumir mucho tiempo, pero también es esencial y fascinante. La ciencia progresa gracias al error, ya que nos permite adquirir precisión, evolucionar y solucionar los fallos de las conjeturas en las que nos basábamos. Solo podemos llegar a comprender por completo una célula, un conjunto de datos o un problema de matemáticas a partir de las anomalías y las diferencias.

Por ello, la estadística utiliza el error como principio básico y asume que siempre habrá cosas que no coincidan con las expectativas y las predicciones. En el aprendizaje automático, encontramos «datos ruidosos»: información que están en el conjunto de datos pero que, en realidad, no nos dice nada útil, ni nos ayuda a crear grupos significativos. Solo reconociendo el ruido natural en el sistema podemos facilitar el rendimiento en el análisis masivo de datos. No se puede optimizar a menos que estudies y comprendas el ruido, los errores y las desviaciones de la media. Al fin y al cabo, lo que en un contexto determinado es ruido, puede ser una señal en otro, del mismo modo que la basura de una persona puede ser el tesoro de otra, ya que las señales no son objetivas, sino que se basan en lo que un individuo busca. Si los científicos no aceptaran la necesidad de error ni se fascinaran con aquello que contradice y frustra sus hipótesis, nunca habría investigaciones que llevan a descubrimientos innovadores.

La gente, por otra parte, suele ser menos entusiasta cuando las cosas no salen según lo esperado. No muchos viajeros comentan con alegría que su tren se ha vuelto a retrasar o cancelar. Esto se debe a que nos han enseñado a ver los errores desde una perspectiva emocional, no científica. En general, nos apresuramos a declarar los errores como síntoma de un fallo de categoría y concluimos que el sistema no es funcional, o que la decisión que nos ha llevado a ese punto no era la correcta. La realidad, en cambio, tiende a ser más mundana: los trenes llegan a tiempo en la mayoría de los casos, y la decisión que tomaste podría haber tenido un resultado diferente en la gran mayoría de los posibles escenarios. Los contratiempos que puedan surgir no son indicativos de que todo haya fallado, o de que un sistema o una decisión deban abandonarse por completo. La humanidad solo habría conseguido una fracción de lo que tiene si, a lo largo de la historia, los científicos y los tecnólogos hubieran abordado el error desde ese ángulo. Incluso en la vida cotidiana, la gente avanza cuando las cosas le salen mal, ya sea porque el tren se retrasa o porque un desconocido les quita el lugar en el que siempre esperan y que les da seguridad.

Responder impulsivamente ante el error es una de las principales flaquezas del pensamiento de cajas. Como si imitáramos los algoritmos supervisados, asignamos cualidades binarias a cada dato y situación. Sí o no. Correcto o incorrecto. Rata o hámster. Esto limita nuestra habilidad para ver los problemas en su contexto real y hace que cada error parezca crítico. El tren se ha cancelado, por lo tanto, mi día se ha ido al traste. Esto crea la peligrosa ilusión de que siempre hay una decisión correcta o incorrecta en términos absolutos, y de que lo complicado es tomar una decisión intermedia (pensamiento de cajas en estado puro). En mi caso, esto también suele provocar que un contratiempo —el tren que he perdido— arruine todo mi día, lo que resulta en una crisis, porque mis planes no han ido como yo esperaba.

Dado que la realidad tiene más matices, nuestra forma de concebir los problemas y tomar decisiones debe concordar con esta complejidad. Con el pensamiento de cajas, nos quedamos sin alternativas cuando algo sale mal. La única opción que nos queda es clasificar lo sucedido como un fracaso y empezar de nuevo. Con el pensamiento en árbol, contaremos con ramas alternativas: caminos que habíamos previsto en nuestras mentes. Resulta mucho más fácil y eficiente cambiar de camino porque no lo hemos apostado todo a un único resultado. Ya habrás anticipado precisamente esta eventualidad y te habrás procurado multitud de soluciones alternativas.

Aunque resulte contrario al sentido común, el aprendizaje automático puede ayudarnos a ser menos mecánicos y más humanos en nuestra manera de enfrentarnos a las decisiones que se nos presentan. Nos enseña que los «errores» son normales e inherentes a la información real. Hay pocas elecciones binarias, si es que realmente existen, y no todo encaja en un patrón o puede producir una conclusión clara e irrefutable. La excepción confirma la regla. Yo me he servido de la perspectiva del aprendizaje automático no porque filtre la arbitrariedad y la incertidumbre, que son una parte inherente de la humanidad, sino porque las recoge con más facilidad que la mayoría de la gente y proporciona un método que permite asimilar su naturaleza. Me permite prepararme para situaciones que sé que encontraré intimidantes y para el caso en que las cosas vayan mal.

Me permite mentalizarme para situaciones intimidantes y para cuando las cosas vayan mal. El pensamiento en árbol es importante porque refleja la complejidad que nos rodea, pero también porque nos ayuda a ser resilientes. Al igual que un imponente roble que se ha mantenido en pie durante cientos de años, el árbol de decisiones resiste cualquier temporal, y permanecerá firme cuando todas las cajas se hayan roto, pisoteado y desechado para siempre.

2. Cómo aceptar tus rarezas

Bioquímica, amistad y el poder de lo diferente

Decir que nunca encajé en la escuela sería un eufemismo. Puede que se debiera a que un tutor se sentaba a mi lado en cada clase, a mi tendencia a entrar en crisis cada vez que el profesor decía una palabra que me asustaba o a mis incontrolables tics nerviosos. Imagino que mi predilección por los tubos gigantes de crema antiséptica tampoco ayudaba. Era muy diferente de mis compañeros. ¿Cuántos niños han tenido que despedir a alguien, como hice yo con mi nueva tutora cuando tenía diez años, debido a su insoportable mal aliento?

Y puesto que no hay nada que guste más a los niños que aliarse contra los que son distintos, solían ensañarse conmigo: «Estás loca», «Es una marciana», «Deberías estar en un zoo». (Este último era uno de mis favoritos).

Suena horrible, debes estar pensando. Y, en cierto modo, supongo que lo era. Cuando comprendía los comentarios maliciosos y las bromas privadas (porque a menudo tardaba horas en comprender por qué el comentario era hostil), hundía la cara en las sábanas y gritaba, mientras me pitaban los oídos y la sangre me subía a las mejillas en el suave silencio de mi edredón, hasta que me salían manchas en la cara y el pelo se me pegaba a la piel.

Pero, de alguna manera fundamental y maravillosa, era fantástico, porque todo lo que me aislaba de los grupos sociales en el patio del colegio también me proporcionó una coraza que nadie más tenía. Tardé en darme cuenta, pero de hecho mis diferencias me brindaban una ventaja considerable. A diferencia de casi todos los adolescentes neurotípicos del planeta, yo era inmune a la presión social. (Y creedme, intenté que no fuera así).

No era por mis principios elevados ni por mi buen juicio. No me posicioné en contra del *statu quo* social; simplemente, no lo comprendía. En cualquier caso, mi falta de interés por formar parte de la multitud me dejaba vía libre para observar sus ritmos meticulosamente. Durante la pausa para comer, me sentaba en un banco desde el que controlaba el patio, y observaba los diferentes grupitos y subculturas; desde los que disputaban un partido de fútbol hasta las bulliciosas pandillas que siempre estaban gritando y riendo, y los grupos más pequeños de dos o tres que se reunían en las esquinas. Desde mi posición, examinaba todo el ecosistema de las especies del patio.

Lo que veía me confundía. Había demasiadas contradicciones, en especial entre las personalidades individuales y las dinámicas de grupo. ¿Por qué la gente actuaba de manera tan diferente dependiendo de con quién estaba o de circunstancias concretas? ¿Por qué veía a chicos gravitar hacia la media del comportamiento de un grupo en particular, imitando aspectos tan específicos como el tono de voz y la cantidad de gomina con la que se peinaban? Si alguna vez te has preguntado por qué un amigo empieza a comportarse de forma diferente cuando está con gente nueva, entenderás cómo me sentí: confundida por cómo una persona que creías conocer fingía súbitamente ser otra.

Yo no sentía ninguna afinidad por esas conexiones sociales ocultas e ilógicas. Advertía el intercambio de algo parecido a una divisa de amistad casi imperceptible, que no se correspondían con sus propias personalidades, pues cambiaban aspectos de su apariencia y comportamiento para imitar a otros y ganarse su amistad. Pero yo no entendía por qué sucedía ni por qué la gente abandonaba cualidades propias para formar parte de un grupo social. Ser seres sociales les impedía ser ellos mismos y socavaba sus personalidades y preferencias.

Limitarme a observar a la gente no me ayudaba a comprender el comportamiento humano. Había demasiada información como para que yo pudiera gestionarla a la vez. Pero entonces experimenté un gran avance, no en el patio ni en el laboratorio de química, sino mientras veía un partido de fútbol un fin de semana en la sala común.

No me interesaba el partido, sino los jugadores. Algunos se comunicaban constantemente con los demás a gritos. Otros permanecían en su propia burbuja, centrados en su función. Había jugadores que corrían de un lado a otro del terreno de juego, y otros que se quedaban en sus zonas del campo. Era un equipo de fútbol, pero también era un conjunto de individuos que respondía dinámicamente a una situación cambiante, en la que todos aportaban sus propias habilidades, personalidades y perspectivas al juego. Era algo más que veintidós hombres pateando la pelota de un lado a otro del campo. Se trataba de un experimento de comportamiento humano lo suficientemente limitado como para poder extraer conclusiones útiles. Era mucho mejor que cualquier mezcla que pudiera preparar en un tubo de ensayo.

Abrí los ojos de par en par cuando me llegó la epifanía, la comprensión de que este comportamiento dinámico podía analizarse y describirse. Me puse en pie y prácticamente grité: «¡Son como proteínas!». ¡Eureka! Me sentí como si acabara de marcar el gol de la victoria, pero nadie parecía dispuesto a jalearme. Una multitud de rostros confusos y molestos se giraron hacia mí. «Mira el partido tranquilita, Millie.»

Quizá por primera vez, había contemplado el comportamiento humano desde una perspectiva que comprendía. El ejemplo del equipo de fútbol, inusualmente disciplinado, me había recordado cómo las moléculas de proteína trabajan en equipo y de forma cohesionada para que nuestro cuerpo funcione correctamente.

Las proteínas son una de las moléculas más importantes de nuestro cuerpo, ya que se cuentan entre las más colaborativas. Cumplen distintas funciones para ayudar a nuestro cuerpo a interpretar los cambios, comunicarlos y decidir las acciones resultantes. Nuestros cuerpos funcionan en gran medida porque las proteínas saben lo que tienen que hacer, entienden y respetan la función de sus compañeras y actúan en consecuencia. Trabajan como parte de un equipo, pero a través de la expresión de personalidades y capacidades totalmente individuales. Las proteínas, dinámicas pero definidas, individuales pero en un contexto de equipo, pueden ofrecer un nuevo ejemplo de cómo nos organizamos e interactuamos como personas. Al igual que los humanos, las proteínas responden a su entorno, comunican información y toman decisiones, que luego llevan a cabo. Sin embargo, a diferencia de nosotros, las proteínas son muy buenas en su trabajo: colaboran instintivamente, sin permitir que los desacuerdos entre personalidades, los problemas personales o la política de oficina supongan un obstáculo. Y no lo consiguen intentando «encajar» en su entorno, sino alineándose y sacando partido a sus propiedades singulares: abrazando la complementariedad de los distintos «tipos».

El modelo de trabajo en equipo de las proteínas —que aprovecha las diferencias en lugar de suprimirlas— es mucho más potente que el impulso humano de homogeneidad en las situaciones sociales: el deseo de encajar. ¿Cuánto nos estaremos perdiendo al intentar enmascarar nuestras habilidades y personalidades distintivas, en lugar de enorgullecernos de ellas y de lucir nuestros rasgos diferenciadores? Nuestras peculiaridades y diferencias no solo nos definen como personas, también pueden hacer que nuestras amistades, grupos sociales y relaciones laborales funcionen mejor. Deberíamos estar orgullosos de nuestras rarezas, no solo para sentirnos bien, sino porque ayudaría a que las cosas salieran mejor. En mi caso, he aprendido que mi TEA, TDAH y ansiedad son superpoderes que me proporcionan una perspectiva única; no representan las barreras que muchos creen. Y, lo que es más, como explicaré en este capítulo, para demostrarlo, basta con entender la manera en que las proteínas nos hacen funcionar.

La maravilla de las proteínas

Me cuesta expresar lo mucho que amo a las proteínas. Son unas unidades de evolución maravillosamente caóticas, cuyas funciones se entrelazan para dar vida a la biología. Igual que algunos niños atribuyen personalidades a sus mascotas o a sus amigos imaginarios, y los usan para empezar a aprender cómo funciona el comportamiento humano, yo veía personalidad en las proteínas. Al igual que las personas, se comportan de forma impredecible y no lineal. Son dinámicas, versátiles, y sensibles al cambio y a las interacciones con sus semejantes. Las proteínas tienen un sito especial en mi corazón, literalmente.

Como ocurre con las personas, no hay un tipo de proteína único; existen muchos tipos diferentes, y cada uno realiza una ingente cantidad de funciones que mantienen el cuerpo en movimiento y lo protegen del peligro. Estas funciones dependen de su forma y estructura, del mismo modo que los seres humanos se comportan de formas diferentes, realizan distintos trabajos y desempeñan diferentes funciones sociales en contextos de grupo, todo ello determinado, en gran medida, por el tipo de personalidad y las experiencias vitales de cada uno. Existen los equivalentes proteicos de las personalidades introvertidas y extrovertidas, de los líderes y los seguidores, de los porteros y los centrocampistas.

De este modo, las proteínas reflejan y pueden ayudar a explicar aspectos del comportamiento humano. Pero eso no es todo. Dado que no experimentan presión social ni altibajos emocionales, también pueden servir como una especie de modelo ideal de cómo los humanos deberían comportarse, ya que actúan basándose en lo que les resulta más favorable desde el punto de vista energético, se centran en las necesidades inmediatas y carecen de distracciones como las emociones o la conciencia de sí mismas. Las proteínas, indiferentes al juicio micromolecular, no necesitan preocuparse por encajar o parecerse al resto. Por el contrario, aprovechan y explotan sus diferentes habilidades, formando equipos cuyo éxito se basa en el poder de la diferencia.

Que las proteínas sentaran las bases de mi comprensión del comportamiento humano no fue casualidad, pues son el elemento fundamental de la bioquímica. No es posible comprender cómo se forman, mutan e interaccionan las células sin entender la naturaleza y el comportamiento de las proteínas. Lo que significa que no se puede entender el funcionamiento del cuerpo sin conocer las proteínas, la sustancia más abundante en nuestros sistemas después del agua. Entre otros muchos procesos, las proteínas forman las enzimas que nos ayudan a digerir la comida; los anticuerpos, que nos permiten combatir enfermedades; y las moléculas que transportan el oxígeno a través del cuerpo (la hemoglobina). Las proteínas también son un ingrediente esencial de nuestra piel, pelo, músculos y órganos vitales.

Como podéis apreciar, no habría seres humanos sin esos bloques básicos de construcción que son las proteínas. Y, para mí, hace unos años, no había forma de comprender a los humanos si no era empezando con lo que sabía de las proteínas.

No todas mis corazonadas sobre el fútbol han resultado tan buenas. Apoyar al Manchester United no parece tan buena idea desde que Alex Ferguson se retiró en 2013; sin embargo, no iba desencaminada cuando vi los paralelismos entre las proteínas y las personas. Esta conexión ha sido un factor tan trascendente en mi vida como lo fue Fergie en la larga, y ahora tristemente interrumpida, racha de éxitos del United.

Las cuatro fases de las proteínas

Además de ser una parte esencial del funcionamiento del cuerpo humano, las proteínas son sorprendentemente similares a las personas en su comportamiento y evolución. Esto se evidencia si examinamos las diferentes fases evolutivas de una molécula de proteína y sus similitudes con respecto a nuestro desarrollo como humanos.

La vida de una proteína comienza con su estructura primaria, que vista con el microscopio parece una especie de espagueti que se retuerce en todas direcciones. Es deliberadamente flexible, no se limita a ninguna estructura específica, y es capaz de cumplir diversas funciones. En nuestro sistema digestivo, no existe una única proteína capaz de descomponer todo lo que ingerimos. Necesitamos una diferente para cada grupo principal de alimentos: la amilasa para digerir el almidón, la lipasa para las grasas y la proteasa para las proteínas (sí, existe una proteína para procesar proteínas).

Obviamente, además de ser componentes, las proteínas también tienen sus propios componentes básicos: los aminoácidos. Su estructura primaria se genera gracias al orden único de los códigos de aminoácidos, predeterminados por las secuencias genéticas de nuestro ADN, el código esencial de nuestra fisiología. Unas pocas variaciones de aminoácidos, entre los cientos que componen una única molécula de proteína, pueden suponer una diferencia significativa en cuanto a lo que la célula hará y en sus aspectos visibles a otros (fenotipo), como el color de los ojos.

Como pasa con las personas, el destino de una proteína está, de algún modo, codificado desde el momento de su creación. Y al igual que nosotros nos adaptamos y cambiamos a medida que crecemos, producto tanto de nuestra genética como de nuestra crianza, las proteínas experimentan un proceso similar. Tanto el pliegue de una proteína como la mente humana son el resultado de un delicado equilibrio de interacciones bioquímicas, determinadas por una combinación de su secuencia inherente y el entorno: la intersección de naturaleza y crianza. La secuencia inicial de una proteína puede determinar su dirección, pero la forma

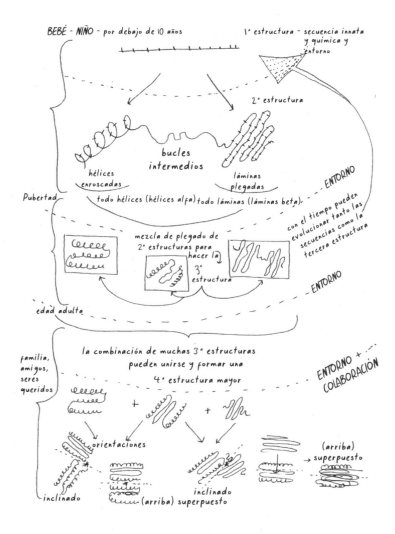

y la función finales solo resultan evidentes en su segunda fase. Para la mayoría de proteínas, la estructura inicial de «espagueti» también es demasiado inestable para funcionar adecuadamente. En estos casos, las proteínas evolucionan hasta su segunda fase, plegándose sobre sí mismas para convertirse en estructuras tridimensionales más estables y versátiles, un proceso semejante al del ser humano cuando aprende a moverse de forma independiente, gateando.

El desarrollo de esta estructura secundaria es la siguiente fase en lo que determina el propósito de una proteína. Veamos, por ejemplo, la queratina, la proteína fibrosa que es el principal componente de la lana y del pelo (por eso, si estudias con atención los ingredientes de tu champú o acondicionador, verás que contienen alfa-queratinas), y también de las uñas humanas o las garras de los pájaros. En su segunda fase, la queratina forma o bien una estructura de hélice alfa (enroscada), tan compacta y rígida que es una de las creaciones más resistentes de la biología, o bien una estructura denominada lámina beta, menos compacta, plana y suave. Esta última se encuentra en las telarañas, en las plumas de los pájaros y en la piel impermeable de muchos reptiles.

Con el paso del tiempo, la estructura secundaria sigue interaccionando consigo misma, formando estructuras de mayor nivel y más específicas de su secuencia y entorno. En tus músculos hay dos tipos de proteínas: la miosina (más gruesas) y la actina (más finas). Para contraer los bíceps, por ejemplo, estas tienen que interactuar: la miosina golpea a la actina con energía química, lo que provoca que se deslicen una sobre otra para generar la contracción. Gracias a esto, puedes sostener este libro entre las manos y leerlo.

Esto requiere un pliegue mayor para producir la estructura terciaria, más avanzada y específica, en la que las proteínas se especializan adaptándose a una función determinada, al igual que muchos de nosotros empezamos a formarnos profesionalmente para convertirnos en científicos, médicos o abogados.

La estructura terciaria representa la fase final del desarrollo de una proteína. Llegados a este punto, la proteína no se vuelve a plegar para formar una estructura más compleja. Sin embargo, sí que se adapta, uniéndose a diversas compañeras para realizar diversas funciones. A esto se refiere mi madre cuando dice que la gente está «hecha», es decir, han salido del horno del desarrollo personal y profesional, convertidos en adultos totalmente funcionales, listos para emprender su camino y enfrentarse a la vida. Para proteínas y humanos, este es el momento de autosuficiencia en el que estamos preparados para actuar de manera independiente y para trabajar de forma efectiva en conjunto con los demás.

Esta estructura cuaternaria final no representa una fase adicional de desarrollo, sino todas las formas alternativas que puede asumir y los vínculos que puede formar. Cuando no ayuda a los músculos, la actina también contribuye a que las células se adhieran unas con otras y a que circulen a través del cuerpo. Por ello, juega un papel importante en el sistema inmunológico y en la creación del tejido celular que cura las heridas. Se trata de un componente muy versátil, como uno de esos centrocampistas que lo dan todo por el equipo, o en este caso, el cuerpo humano.

¿Alguna vez has sentido que eres una persona diferente en el trabajo y en casa? Lo mismo le ocurre a una proteína en su estructura cuaternaria, pues se adapta a las condiciones y al contexto, y desempeña diferentes funciones según lo que se necesite para mantener el motor del cuerpo en funcionamiento. En esta forma cuaternaria, una proteína es un gran ejemplo de versatilidad, ya que pasa de una función a otra según las necesidades. Se trata de un ejemplo para todos, y me ayuda a entender otro rasgo confuso del comportamiento humano: las incoherencias entre una situación y la siguiente. Dicho esto, creo que, en este sentido, las proteínas evolucionan mucho mejor que las personas: cambian su forma y su función sin reservas, mientras que nosotros solemos quedarnos estancados, y somos reticentes a aceptar la necesidad del crecimiento personal y reacios a los cambios en lugar de adaptarnos a ellos, como sí haría una proteína.

Lo que me costó entender a los quince años, al observar a los demás, comenzó a cobrar sentido al poner células que contenían proteínas bajo el microscopio: observé cómo evolucionaban y crecían, y advertí que sus interacciones son dinámicas y dependen del contexto. Puede que a los científicos nos guste definir y categorizar lo que descubrimos sobre las proteínas y su forma de trabajar, pero lo cierto es que pueden ser tan volubles, caprichosas y difíciles de comprender como las personas que componen.

Dicho esto, cuando se trata de un grupo, en lugar de un comportamiento individual, las proteínas llevan ventaja. Sin la distracción de los impulsos emocionales, o la preocupación del qué dirán, son libres para organizarse de la manera más eficiente. Un equipo de proteínas es pura acción y cero distracción o politiqueo: su objetivo es hacer el trabajo. A continuación veremos cómo lo consiguen.

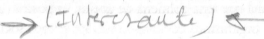

Las personalidades de las proteínas y el trabajo en equipo

La mayoría de nosotros sabemos identificar entre nuestros amigos personalidades dispares. Los hay más extrovertidos y más introvertidos, o con mayores habilidades comunicativas, prácticas o empáticas. Luego está la gente como yo, que tuve que preguntar cuánto tiempo debe durar un abrazo para consolar a alguien (dos o tres segundos, ya que lo preguntas, y cuatro para una ruptura particularmente dolorosa).

A veces, sin darnos cuenta, adoptamos diferentes papeles que reflejan nuestra personalidad. En cualquier grupo, hay personas que se sienten más cómodas tomando el mando, mientras que hay quienes prefieren que manden otras. A algunos les gusta decir lo que piensan sin tapujos, y otros prefieren insinuarlo (¡uf!).

Nada de esto es casualidad. Desde un organismo celular hasta un espacio de trabajo, todos los comportamientos de cualquier grupo de personas, animales o moléculas pueden explicarse mediante alguna forma de jerarquía y conjunto de relaciones, determinadas tanto por la personalidad como por la fisiología. En las colmenas hay varios tipos de abejas: las obreras, que construyen y defienden la guarida, o recogen el alimento; la reina, que es el pegamento social y la «jefa»; y el zángano, cuya única misión es la de fecundar a la reina y que es expulsado fuera de la época de apareamiento. La colonia depende, por lo tanto, de la diversidad entre los distintos tipos de abejas, de la variedad entre sus funciones y de la capacidad de todas para captar las señales del resto.

Al igual que una colmena de abejas, es posible analizar tanto los organismos celulares como los grupos sociales en función de cómo se comunican sus distintos miembros entre sí, ya sean proteínas o personas. De la misma manera que un grupo de amigos decide adónde ir o qué película ver, una célula depende de diferentes *inputs* y acciones de diversos tipos de proteínas para realizar las funciones necesarias.

O, al menos, esa es la teoría detrás de su eficiente organización, y algo que observamos tanto en las estructuras de las células como en el reino animal. El comportamiento humano suele ser bastante más caótico; basta con pensar en nuestros amigos y cómo nos relacionamos con ellos. ¿Cuánto se tarda en concretar una fecha, fijar un sitio y conseguir que todo el mundo se apunte? ¿En qué medida implica este proceso que la gente acceda a cosas que realmente no quiere hacer o que, a veces, no encajan con sus inclinaciones? De nuevo, el deseo de conformidad y de ser valorado por los demás tiende a imponerse a la necesidad de comunicarse y actuar eficazmente en conjunto.

En cambio, las proteínas son una maravilla de la organización eficiente, por encima del compromiso emocional y las normas sociales. Esta cualidad se aprecia en el proceso de «señalización celular»: la manera en que las proteínas se combinan para detectar los cambios del cuerpo, comunicárselos entre ellas y tomar decisiones al respecto, básicamente.

Usé este modelo para interpretar lo que las proteínas podían enseñarme del comportamiento humano y para identificar un modelo mejor. El primer paso fue mapear el comportamiento proteico en el indicador Myers-Briggs, que clasifica las personalidades de la gente en ocho categorías diferentes —Extroversión, Introversión, Sensación, iNtuición, pensamiento [Thinking], emoción [Feeling], Juicio y Percepción—, y determina las cuatro que mejor reflejan quiénes somos y cómo nos comportamos.

Al hacerlo, descubrí que las proteínas reflejan a las personas mejor aún de lo que me había imaginado. En primer lugar, representan de forma efectiva los tipos de personalidad humana, como mostrarán los ejemplos a continuación. Sin embargo, las proteínas no solo muestran cómo conviven los diferentes «tipos», sino que también nos proporcionan un ejemplo de cómo debería ser la coexistencia y la colaboración, y demuestran la importancia de expresar nuestra personalidad en lugar de esconderla.

A continuación explicaré algunas de las personalidades predominantes de las proteínas.

Proteínas receptoras

El primer punto de contacto para cualquier célula del cuerpo son las proteínas receptoras, capaces de detectar los cambios en su entorno externo —por ejemplo, una subida de azúcar en sangre— y transmiten señales a otras proteínas por debajo en la cadena de la célula para su posterior procesamiento. Podemos entenderlas como los miembros

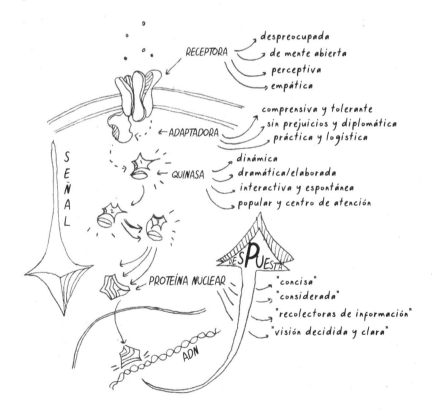

más empáticos de un grupo, los que tienen el instinto para saber cuándo alguien se siente incómodo o que una discusión está a punto de salirse de madre. No son quienes toman las decisiones, sino las mediadoras, y trabajan con otras como ellas.

Los receptores son la gente despreocupada que se mueve con facilidad entre diferentes grupos sociales, que pueden formar parte de múltiples pandillas y hacer de puente entre ellas. En términos de Myers-Briggs, son los ENFP («Entusiastas e imaginativos, ven la vida llena de posibilidades, y establecen conexiones entre los sucesos y la información con rapidez») o ENFJ («Cariñosos, empáticos, atentos y responsables. Están muy en sintonía con las emociones, necesidades y motivaciones de los demás»).

Muy perceptivos, sociales y diplomáticos, se sienten a gusto con otras personas y se les da muy bien romper el hielo.

Proteínas adaptadoras

Las adaptadoras facilitan la siguiente fase de la comunicación celular. Se adhieren a las receptoras y escogen la mejor manera de comunicar el mensaje a través de la célula. Se trata del primer órgano de «toma de decisiones» de la célula, que determina cuál será la siguiente proteína, o proteína «quinasa», que se activará y qué mensaje enviará al resto de la célula. La adaptadora convierte la señal inicial en un mensaje transmisible ante el cual reaccionar.

Para mí, esta proteína es como la gente tranquila y despreocupada a la que se le da bien apoyar a los demás y no necesitan ser el centro de atención. Yo suelo llevarme bien con las personas «adaptadoras», que no emiten juicios de valor y que hacen de intérpretes entre las diferentes personalidades de forma diplomática. Al igual que las receptoras, son comunicadoras, pero no de la manera proactiva y con talante de hacer amigos. Son más bien facilitadoras: allanan el terreno hacia el resultado más conveniente. Son del tipo ESTJ («Prácticas, realistas y objetivas. Asertivas y rápidas a la hora de aplicar las decisiones») o ISTP («Tolerantes y flexibles, observadoras silenciosas hasta que aparece un problema y buscan soluciones factibles»). Son la gente que no levanta la voz ni quieren ponerse los primeros de la fila, pero sin las que un grupo pierde el equilibrio y puede desintegrarse.

Proteínas quinasas

Una vez que la señal llega a la proteína quinasa (que es un tipo de enzima), empieza la acción, pues las quinasas son las que activan la bioquímica. Simplificándolo un poco, catalizan el traspaso de paquetes de energía química a las ejecutoras e interactoras, y activan todas las funciones necesarias para que la célula responda a un determinado cambio.

«Tú eres un poco quinasa, ¿no?», le dije una vez a un amigo. Efectivamente, no obtuve la respuesta esperada ante un comentario que pretendía ser un cumplido. Tampoco se tomó bien la explicación que le di: «La quinasa es una de las proteínas más promiscuas y populares de una célula». (Técnicamente, la promiscuidad funcional es la habilidad de una proteína para provocar una reacción secundaria beneficiosa en paralelo a la reacción principal que está catalizando. Por supuesto que también existen definiciones no técnicas de la promiscuidad; en qué sentido aplicárselo a las personas del tipo quinasa lo dejo a vuestra imaginación...).

Las personas quinasas son extrovertidas a más no poder: son el alma de la fiesta y disfrutan del contacto intenso y frecuente con otras personas. Les encantan los apretones de manos, los abrazos, las palmaditas en el hombro y los besos en la mejilla (*escalofrío*).

Son concentradores sociales y aportan energía: les encantan las fiestas y la atención. En términos de Myers-Briggs, las personas quinasas son ENTP («Rápidas, ingeniosas, estimulantes, despiertas y honestas... Les aburre la rutina»), ESTP («Centradas en el presente, espontáneas, disfrutan de las interacciones estimulantes con los demás») o ENTJ («Honestas, concluyentes, tienden a asumir el liderazgo»).

Las quinasas dominan los grupos sociales y no solían gustarme. Mi procesamiento sensorial no era capaz de aguantar toda esa expresividad y energía, por lo que solía evitar a este tipo de personas. Sin embargo, si estás en una fiesta que no acaba de arrancar, probablemente sea porque las quinasas todavía no han llegado.

Proteínas nucleares

Hay otras proteínas comunicadoras y catalizadoras, pero solo las proteínas nucleares pueden convertir una señal recibida en una respuesta celular. Todas las activaciones que he descrito llegan a las proteínas en el núcleo, el «cerebro» de la célula, que coordina su actividad. El núcleo define cómo responde la célula y los procesos que conlleva.

Por ejemplo, si te cortas y empiezas a sangrar, el cuerpo sabrá que necesita reparar los vasos sanguíneos dañados.

Las receptoras detectarán el problema y lo transmitirán por medio de una serie de quinasas hasta llegar a la proteína del núcleo (llamada HIF), la cual reaccionará creando proteínas para aumentar la producción de vasos sanguíneos y, de esta forma, garantizará un mayor flujo hacia las células dañadas. Y eso, si me lo permitís, es una jodida maravilla. La proteína nuclear es la capitana del barco: sabe qué botones pulsar según la situación gracias a los avistadores de icebergs que la previenen. Se asegura de que se actúe según la información recogida por las receptoras y transmitida por la quinasa.

Al igual que todas las células tienen un núcleo, y todos los equipos de fútbol tienen un capitán, todo grupo social cuenta con alguien a quien consultar a la hora de tomar una decisión importante. Estas personas suelen ser menos activas e implicadas que las quinasas: se mantienen al margen desde donde observan con perspectiva los acontecimientos.

Están hiperfocalizadas, especializadas y a menudo son más introvertidas de lo que cabría esperar. Myers-Briggs las clasificaría como INFJ («Desarrollan una visión clara sobre la mejor manera de servir al bien común. Son organizadas y decisivas a la hora de aplicar su visión») o INTJ («Son originales y tienen una gran capacidad para poner en práctica sus ideas y alcanzar sus objetivos. Encuentran patrones en los acontecimientos externos con facilidad y desarrollan perspectivas exploratorias de largo alcance»).

Una persona «nuclear» no suele convertirse en el centro de atención. Sin embargo, todos la reconocen como la jefa y, por lo general, se hace lo que dice sin discusión.

Como se puede apreciar, las proteínas son un gran ejemplo de trabajo en equipo y eficiencia organizativa. Los diferentes tipos desempeñan un rol acorde con su personalidad, y todas son necesarias para que el correcto cuerpo funcione correctamente. No sienten celos las unas de las otras ni desean cambiar sus funciones. Se trata de un entorno sin ego y con un alto nivel de productividad. Ojalá todos los lugares de trabajo o grupos de amigos estuvieran a la altura.

El ejemplo productivo de las proteínas puede ayudarnos de múltiples maneras. En mi caso, el estudio de las proteínas me ayudó a relacionarme con los demás y a gestionar las situaciones sociales. Entender los tipos de proteínas y de personalidades me facilita interactuar con la gente: descifrar la mejor manera de intervenir y obtener el resultado que quiero a la hora de comunicarme. Esto se traduce en que será más fácil entablar una conversación con un «receptor», que son los más dispuestos a hablar conmigo y los más propensos a transmitir un mensaje; o saber que las decisiones no las suele tomar la quinasa que más levanta la voz, sino el núcleo que, aunque parezca enfrascado en sus propios pensamientos, es quien ejerce la verdadera autoridad. El comportamiento humano y social puede parecer impenetrable para aquellos que no lo entendemos instintivamente o incluso para los que creen entenderlo, pero con el tiempo me tranquiliza ser capaz de detectar patrones discernibles y comprensibles. Lo que en ocasiones puede parecer aleatorio suele reducirse a las diferentes personalidades de un grupo, la naturaleza de sus interacciones y los factores externos a los que responden. Si entiendes el funcionamiento de las proteínas, estás mucho más cerca de entender cómo piensan, actúan y deciden las personas que te rodean.

En cuanto a mí, la proteína a la que más me parezco cambia según las circunstancias. Por mi carácter, suelo ser adaptadora o proteína nuclear, ya que observo lo que pasa a mi alrededor en lugar de implicarme activamente. Sin embargo, en ciertas circunstancias —con gente con la que me siento cómoda o cuando debatimos sobre temas que domino en el trabajo— puedo ser tan quinasa como cualquier extrovertido. No tenemos por qué escoger un único papel y no cambiar nunca; la adaptabilidad a la situación es normal y un buen reflejo del comportamiento proteico.

Aprender sobre las proteínas me ayudó a averiguar por qué al resto de chicas del instituto les molestaban cosas diferentes que a mí: se enfadaban si se les mojaba el pelo por la lluvia, o si un profesor les mandaba abrocharse otro botón (se comportaban como receptoras, ultrasensibles al mundo exterior y a cómo este las percibía; o como quinasas, buscando llamar la atención). Yo no era capaz de entender por qué estas cosas les afectaban tanto, pero, al menos, podía ayudarlas contra estas eventualidades: siempre llevaba conmigo un paraguas por si se ponía a llover de golpe.

Las proteínas también me ayudaron a darme cuenta de que para «encajar» no hay nada mejor que ser yo misma. Hubo una época, durante mi adolescencia, en la que pensé que podía esforzarme por ser como los demás: imitando el comportamiento de mis compañeros para adoptar sus intereses, sus gestos y su lenguaje.

Quería infiltrarme en un grupo de chicas —solo «para echar unas risas», como solían decir ellas— para hacer las mismas cosas que ellas, tener las mismas bromas en común y entusiasmarme por las mismas cosas. Ansiaba ser básica. Ni que decir tiene, empecé con una investigación exhaustiva. A través de una búsqueda en Google sobre «cómo ser una tía básica», encontré resultados muy específicos que describían a personas aficionadas a los cafés con leche con sabor a calabaza, las chaquetas acolchadas y los tatuajes pequeños pero significativos. Así que me compré una chaqueta acolchada y bebí los cafés que salían en *Dawson crece* y *Made in Chelsea,* con la esperanza de mimetizarme y conectar con ellas. Cuando me quedé dormida viendo la segunda serie —que, por entonces, causaba furor—, me di cuenta de que mi plan no estaba funcionando. Acabé llevando una chaqueta que no me gustaba y que me limitaba el movimiento de los brazos, bebiendo algo que no quería y obligándome a reír bromas que no encontraba divertidas (además, me reía en los momentos menos oportunos, eso por descontado). Era agotador, más que mi propio autismo, y, sobre todo, echaba de menos mis libros de ciencia (aún hoy, estudiar matemáticas el fin de semana me encanta). En mi afán por integrarme imitando a mis compañeras, acabé anulando mi propia personalidad, una sensación aún peor que la de no encajar. Las proteínas me enseñaron a no repetir este experimento ni a sucumbir ante los cantos de sirena del conformismo.

La lección más importante que podemos extraer de las proteínas es cómo interactuar y trabajar entre nosotros. Esto se debe a que, a diferencia de las personas, las proteínas reconocen y respetan la necesidad de ser diferentes. Por eso funcionan de la manera perfectamente coordinada que he descrito antes, con cada tipo desempeñando su rol complementario. Las personas, en cambio, tendemos a hacer más bien lo contrario. Puede que nuestro comportamiento en grupo esté definido por personalidades diferentes, pero gran parte del instinto humano tiende a la uniformidad. Muchos de nosotros nos limitamos a dejarnos llevar por el deseo de encajar y ser aceptados por los demás. Aunque representamos diferentes papeles según la situación social, lo hacemos de forma inconsciente y no entendemos ni sacamos partido a esta dinámica. Además, nuestro deseo de encajar puede ser contraproducente, ya que en realidad son nuestras diferencias las que nos definen y facilitan la comunicación y la cooperación. En lugar de esconder o renegar de nuestra verdadera personalidad, deberíamos aceptarla y sacarle partido. Si eres bueno escuchando, da lo mejor de ti para convertirte en alguien con un alto nivel de empatía; o si eres una de las quinasas de este mundo, tu habilidad para hacer reír a la gente puede ser tu superpoder. Las cosas irían mejor —tanto en contextos sociales como profesionales— si nos permitiéramos ser nosotros mismos y si aceptáramos que los demás también lo fueran.

La ciencia nos enseña que la uniformidad dista mucho de ser útil, ya que la diversidad es esencial para la colaboración y el éxito. Uno de los mejores ejemplos que nos aporta la naturaleza es, desafortunadamente, la célula del cáncer: una maravilla de la comunicación biológica y la interdependencia. En un tumor, algunas células trabajan para mantener su crecimiento, mientras otras protegen el exterior y trabajan para neutralizar el sistema inmunológico y los tratamientos.

Todavía nos queda mucho por aprender sobre el cáncer; pero, por desagradable que parezca, también nos puede enseñar cosas. En un tumor no existe ninguno de los egos que debilitan los equipos de personas, ya sea en el trabajo o en un equipo de fútbol; las diferentes células cumplen con su cometido específico y también pueden desarrollar otras funciones paralelas si las condiciones lo requieren. Un tumor es un ejemplo de empatía biológica donde las partes se supeditan a las necesidades del conjunto, y por eso el cáncer es tan complicado de tratar. Requiere atacar a muchas células diferentes con la capacidad de evolucionar y cambiar de rol, lo cual dificulta aislarlas. El cáncer siempre sorprende con un nuevo movimiento, y los investigadores están constantemente intentando seguirle el ritmo.

Sin embargo, si el cáncer puede desarrollarse —a pesar de todos nuestros esfuerzos en investigación y tratamientos— a través de la diversidad y de la colaboración efectiva, las personas también podemos hacerlo si nos concienciamos de que es necesario comprender los diferentes tipos de personalidades, roles e interconexiones para crear un ecosistema funcional. Necesitamos aceptar y celebrar nuestras diferencias —nuestras rarezas— para beneficiarnos de la misma eficiencia que disfrutan por naturaleza las creaciones biológicas.

Puede que hayas empezado en un trabajo nuevo y quieras comprender cómo funciona la empresa. Busca los tipos de proteínas: separa las quinasas, que son las que más hablan en las reuniones, de las nucleares, que seguramente sean las que toman las decisiones importantes; encuentra a las receptoras, que te ayudarán a integrarte; e identifica a las adaptadoras, que no destacan demasiado, pero son esenciales para que los proyectos salgan adelante.

Deberíamos aplicar la misma lógica a la hora de formar equipos de cualquier tipo. Las empresas a menudo hablan de un determinado perfil al que contratar, como si un tipo de personalidad pudiera reunir todos los requisitos necesarios para que un negocio triunfe. La idea de que todo el mundo debe seguir un comportamiento uniforme va en contra de lo que demuestra la célula cancerosa: que la diversidad y la capacidad de evolucionar son fundamentales para lograr un crecimiento constante que permita superar a la competencia. Al igual que un equipo de fútbol de éxito necesita jugadores que cubran diversas posiciones, un negocio próspero se apoya en una gran variedad de caracteres y perspectivas.

El ejemplo de las proteínas pone de manifiesto dos aspectos en los que, como humanos, nos cuesta desarrollar nuestro potencial: la evolución y la diversidad. Si creyésemos más en nuestra habilidad de cambiar y crecer en la vida —al igual que la molécula de proteína—, y confiáramos en nuestro punto de vista y en nuestras peculiaridades (y en los de quienes nos rodean), podríamos acabar con muchas de las inhibiciones y malentendidos que nos lastran, tanto individual como colectivamente: entre amigos, en casa y en el trabajo.

Las proteínas nos demuestran que debemos sentirnos más seguros y menos cohibidos, y aceptar los diferentes papeles que cada uno de nosotros desempeña según nuestra personalidad. Se trata de frenar el impulso humano básico (o al menos neurotípico) de encajar y buscar la uniformidad, para, en cambio, celebrar nuestras rarezas y reconocer su contribución esencial a la cohesión social. Las proteínas nos enseñan que la diversidad facilita el trabajo en grupo, y que la individualidad es fundamental para que un equipo sea eficaz. Estas lecciones se extraen de unas moléculas que solo podemos ver con un microscopio; ya es hora de que nos fijemos más en ellas.

3. Cómo olvidarse de la perfección

Termodinámica, orden y desorden

«El desorden de tu habitación da miedo», declaró mi madre cuando visitó mi habitación en la residencia. «¡Ni siquiera puedo sentarme!». ¿Quién no ha discutido con su madre alguna vez sobre la limpieza de su cuarto y ha tenido diferencias en cuanto al concepto de orden?

Mi reino del desorden no era fruto de la pereza, sino de la ansiedad. Lo que para alguien poco observador podía parecer un caos estaba hecho a mi medida, ya que todo estaba donde lo había dejado la última vez, colocado de manera espontánea para su posición óptima cuando quisiera volver a usarlo. Los objetos que había desperdigados por el suelo no estaban ahí por casualidad, sino para garantizar que pudiera encontrarlos desde cualquier punto de la habitación.

«¡Es espontáneo y adaptable! Como yo». Este comentario hizo que mi madre pusiera los ojos en blanco. «Pues mucha suerte», murmuró, en el mismo tono de voz que usó cuando, a los cuatro años, declaré que quería casarme con Elton John.

Lo cierto es que había otra explicación para el cuestionable estado de mi habitación, aunque no me atreví a sacarla a colación en esa discusión: la termodinámica. Se trata de la ciencia que explica cómo se mueve y transfiere la energía. Sus principios nos demuestran que, con el tiempo, el universo inevitablemente se vuelve cada vez más desordenado. Todos nuestros esfuerzos por crear orden van en contra del segundo principio de la termodinámica, que estipula que la cantidad de entropía (más o menos, el desorden) del universo tiende a incrementarse con el tiempo, ya que la energía disponible es cada vez más reducida. Así que tal vez no podamos evitar el desorden de una habitación, aunque lo intentemos.

No lo digo con la esperanza de que los adolescentes del mundo entero comiencen a citar la teoría de la termodinámica a sus padres para justificar las pilas de calcetines sucios. La comprensión de los principios da lugar a un interesante debate, pero también nos ayuda a apreciar algo más fundamental: el papel que desempeñan el orden y el desorden en nuestras vidas, y las leyes de la física que los rigen.

Mientras trataba de conjugar el estado de mi habitación con el deseo de complacer el sentido del orden de mi madre y mis propias necesidades, me planteé qué era el orden y cómo alcanzarlo. Así es como la teoría de la termodinámica se convirtió en mi guía. Me ayudó a comprender mejor mi propio afán por el orden y la manera en que se llega o no hasta él: la diferencia entre iniciativas como una tabla de comidas semanal que consigue que tus tardes sean más eficientes, y el reto de conciliar tu visión del orden (por ejemplo, cómo organizar una habitación o planificar unas vacaciones) con la de tus amigos, familia y seres queridos. Y me aportó una nueva perspectiva crucial: que los esfuerzos por crear orden en nuestras vidas no existen de forma aislada, sino en un contexto caótico de personas y objetos inanimados, con sus propias necesidades energéticas.

En una relación de amistad o de pareja, siempre hay que sintonizar el sentido del orden propio con el de otra persona. Y, aunque pueda parecer una simple cuestión de llegar a un acuerdo, a menudo es más complicado, porque nuestras ideas individuales sobre el orden no son impulsivas, dispersas o poco importantes para nosotros. Son obras maestras que han evolucionado a partir de múltiples capas de experiencias, preferencias y hábitos muy arraigados, y representan expectativas silenciosas que a menudo solo manifestamos en voz alta cuando no se cumplen. Intenta intervenir sobre este lienzo a brochazos y verás lo rápido que te metes en líos.

A menos que comprendamos y respetemos estas necesidades, entendiéndolas dentro del marco que la termodinámica ofrece, nos costará horrores encontrar el equilibrio —en nuestro estado de ánimo, entorno y estilo de vida— que buscamos. Todos tratamos de llevar la vida que queremos, de la manera que queremos, al mismo tiempo que intentamos dejar espacio a las preferencias, necesidades y peculiaridades de los demás, dentro de lo que es realista con el tiempo y espacio posibles. La termodinámica nos permite lidiar con el mundo que nos rodea; es la clave de una vida equilibrada y, también, de una habitación ordenada.

Una persona ordenadamente desordenada

Por razones obvias, para mí siempre ha sido importante establecer cierto sentido del orden en todos los aspectos de mi vida, pues me ofrecía algo en lo que confiar. Pero, desafortunadamente, mi orden no suele traducirse en un salón o espacio de trabajo despejado. Suele ser un rasgo bastante común y paradójico del autismo, especialmente en mi caso: ansiamos certeza y orden, pero a menudo nos cuesta crearlos.

Por lo tanto, cuando encontramos maneras fiables para controlar el orden cotidiano, nos aferramos a ellas como si no hubiera un mañana, ya sea la disposición de la comida en el plato, la manera de colocar las cortinas de una habitación, la posición exacta de las cosas sobre el escritorio, o la apropiación de un asiento concreto. Todos estos aspectos forman los hilos de la rutina a los que nos agarramos y conforman nuestro funcionamiento cotidiano. (Aunque, extrañamente, esto siempre está sujeto a cambios y, a menudo, impulsado por manías pasajeras que se difuminan rápidamente).

Sin embargo, por mucho que me gustara la rutina en todos los aspectos de mi vida, me costaba mantener mi propio espacio ordenado. Para mí, los libros y los papeles esparcidos por todas partes y mi armario «de suelo» eran prácticos, y su distribución espontánea me permitía encontrar las cosas rápidamente. Pero, al mismo tiempo, me molestaba ser tan ordenada en otros aspectos de mi vida, cuando no lo era en el espacio más importante para mí. Aunque para una parte de mí era conveniente tener las cosas tiradas por todas partes, mi TOC también entraba en acción y exigía coherencia con la Millie ordenada en otros contextos. Era como si mintiera a la gente —algo que simplemente no puedo hacer— al decir que era una persona ordenada, cuando mi habitación tenía ese aspecto. Que partes de mí tiraran en direcciones opuestas era una incoherencia que me incomodaba tanto como un calambre.

En mi interior se libraba una batalla entre mi afán de orden, lo que mi madre consideraba aseado y el aspecto que instintivamente creía que un ambiente eficiente debía tener.

Y todo eso antes de llegar al problema de cómo crear un espacio «ordenado», y las infinitas permutaciones con las que mi cerebro me asaltaba sobre cómo ese espacio debía ser, además de las diferentes rutas para conseguirlo. No tenía una idea objetiva de lo que significaba «ordenado». A medida que iba repasando todas las combinaciones posibles, mi mente empezó a colapsarse, y me invadió la ansiedad.

Me sentía bloqueada: es uno de los principales obstáculos para quienes se encuentran en el espectro del autismo, donde el reto no es no tener ni idea de qué hacer, sino tener demasiadas ideas. Contemplamos todas las opciones sobre cómo ordenar y sus posibles combinaciones como un gigantesco paisaje sin ningún tipo de filtro, lo que normalmente nos deja bloqueados y desorientados. Hay demasiados grados de libertad y opciones; las alternativas tiran de ti desde todos los ángulos como los hilos de una marioneta.

Así que sí, como habrás adivinado, me costaba mucho —pero que mucho— ordenar mi habitación. Y me sigue costando mucho a día de hoy, de modo que todos los espacios en los que vivo o trabajo suelen estar en un estado de perpetuo cambio, y me sigue alterando muchísimo si alguien mueve algo y perturba mi frágil sentido del desorden ordenado. Probablemente sepas a qué me refiero: puede que la forma en la que están colocadas las cosas en tu escritorio no tenga sentido para los demás, pero para ti sí que lo tiene. Siempre nos damos cuenta a la vuelta de las vacaciones si alguien se ha sentado (y ha desajustado) nuestra silla en la oficina. Y un día se puede estropear porque algo inesperado te desmonte la rutina, por trivial que sea el cambio. Incluso la gente a la que le gustan las sorpresas tiene una necesidad subyacente de orden.

Y, lo que es peor, mi madre quería volver a visitarme en tres días, así que sabía que tenía que hacer algo. Imagino que, a estas alturas, no te extrañará que, en lugar de buscar algún tipo de guía de tareas domésticas o de apilar de cualquier manera toda la ropa que había tirada por el suelo dentro del armario (lo cual no funcionó, por cierto), cogiera un libro de texto sobre ciencia: *Química física,* para ser exactos (al final lo encontré debajo de mi esterilla de yoga; ya os dije que mi sistema funcionaba).

El libro no contenía ninguna sugerencia sobre cómo ordenar, pero sí una idea más importante que todos necesitamos comprender. «Crear orden a partir del desorden requiere energía y no es termodinámicamente favorable [algo que ocurre espontáneamente sin que se aplique energía adicional, como un cubito de hielo que se derrite]». Que me lo cuenten a mí, la mera idea de ordenar me duele.

Esto era el origen de mi problema y la razón por la que todos debemos esforzarnos por crear y mantener el orden en nuestras vidas, ya que es un estado antinatural, que enfrenta la necesidad de pulcritud y orden con el impulso de desorden del universo. No es casualidad que las cosas se desordenen con el tiempo, se trata del destino que impone la física molecular.

Se trata, nada menos, que del origen de la lucha de la humanidad contra la naturaleza. Construimos muros solo para ver cómo se desmoronan con el tiempo. Pintamos edificios a sabiendas de que, con el tiempo, se desconcharán y habrá que volver a pintarlos. Organizamos nuestras pertenencias, aunque sabemos que, sin un esfuerzo constante y repetido, volverán a desordenarse.

Todo lo que hacemos en la vida con el fin de crear orden, da igual al nivel que sea, acaba desapareciendo. Y esto significa que tendremos que repetir las cosas una y otra vez para mantener el desorden a raya. Como explicaba el libro de *Química física,* eso requiere energía. Doblar la ropa, lavar los platos y afeitarse, por ejemplo. O, en mi caso, intentar seguir las «reglas» de la comunicación cotidiana.

Así que, la próxima vez que tengas dificultades para organizar las cosas a tu gusto, no te culpes. Échale la culpa a la termodinámica. Es más, acepta que la termodinámica fija las condiciones en que podemos organizar nuestras vidas. Puedes conseguir orden, pero solo si inviertes energía. Y, por muy meticuloso que seas, el tiempo acabará revirtiendo el orden que hayas creado.

Al perseguir una vida ordenada, tenemos que reconocer que no actuamos de forma aislada. Hay todo un mundo de física molecular con el que lidiar. Y esto implica aceptar que un cierto nivel de desorden es inevitable. Debemos escoger bien nuestras batallas y asumir ciertos compromisos, empezando por cuál es tu idea de una vida perfectamente ordenada.

¿Por qué aumenta el desorden?

Empecemos por analizar más detenidamente los principios de la termodinámica y cómo garantizan el desorden de nuestras vidas. Hay cuatro en total, pero solo los dos primeros son relevantes en nuestro caso.

El primer principio dice que la energía no se crea ni se destruye, solo cambia de lugar y de forma.

El segundo hace referencia a lo que le pasa a la energía cuando cambia de forma. Estipula que la entropía de un sistema aislado solo puede aumentar o mantenerse. Cuando los sistemas tienen un nivel de entropía bajo, tienen la mayor energía térmica disponible para reaccionar. Y eso es exactamente lo que hacen, experimentan reacciones espontáneas que son termodinámicamente favorables (y a menudo cambian de estado: de sólido a líquido o a gas). Después de lo cual, la energía no desaparece (recuerda el primer principio), pero tampoco permanece en el mismo estado en el que se encontraba previamente. Cuando quemas un tronco, y se convierte en humo y ceniza, el fuego desaparece. Desde ese momento, su energía se reparte de forma más amplia y dispersa, y se dice que está menos «disponible» que antes. La entropía mide esta disponibilidad de la energía térmica para provocar las reacciones en los sistemas; a mayor entropía, menos energía «disponible».

En resumen, lo que el segundo principio dice es que, a través de los procesos que ocurren de forma natural, la energía de un sistema siempre tiende a un estado menos ordenado y productivo: un estado que le permite trabajar menos (como los martes por la tarde).

Otro ejemplo sencillo es pensar en qué pasa cuando sacamos un cubito de hielo del congelador. Al cabo de un rato, se derrite y pasa a estado líquido y, más adelante, se evapora. A través de estos dos cambios, la entropía aumenta. Las moléculas que estaban firmemente unidas en estado sólido, ahora son moléculas libres chocando entre sí en estado gaseoso. Por tanto, su entropía y, en consecuencia, su desorden han aumentado. Esto es lo que el segundo principio dice que sucede constantemente a nuestro alrededor. (Para aquellos que se pregunten qué pasa cuando se condensa el vapor de agua y después se congela, ya no sería un sistema aislado, pues se ha aplicado energía externa para invertir un cambio que se produce de forma natural).

Por ponerlo en términos muy sencillos, la termodinámica nos dice que la entropía (el desorden) siempre aumenta en procesos que ocurren de manera espontánea y sin intervención externa. Por eso es mucho más fácil hacer añicos un cristal (y aumentar su entropía) que volver a unir los pedazos. O, como descubrí hace años, solo se tarda un segundo en deshacer de una patada un montón de hojas secas en el parque, pero puedes pasarte toda una tarde para recogerlas y volver a amontonarlas como estaban. Te adelanto que no lo conseguirás; cinco horas más tarde, estarás destrozada y con la autoestima por los suelos. Ah, los buenos tiempos.

A diferencia de las reacciones espontáneas que aumentan la entropía, crear orden es difícil y requiere energía externa. Hay que luchar contra el impulso de un sistema que tiende a reaccionar de manera espontánea generando entropía.

Medir la energía de los sistemas de esta manera (a partir de una medida denominada energía libre de Gibbs, que calcula la energía disponible en un momento determinado) no es una cuestión arbitraria o técnica. En realidad, es la herramienta más importante que tenemos, en casi cualquier campo de la ciencia, para prever si algo va a suceder o no. La termodinámica rige gran parte de lo que entendemos y determina cómo investigamos. Es una forma completamente fiable de saber si es más probable que ocurra una reacción que otra; solo tenemos que preguntarnos qué es más favorable, termodinámicamente hablando.

La termodinámica siempre me ha parecido reconfortante, porque ofrece certeza donde la gente a menudo genera confusión. ¿Esa persona quería decir literalmente lo que ha dicho o estaba insinuando algo? ¿Me estoy perdiendo algún matiz no especificado, por escrito o en voz alta, pero que de alguna manera debería captar? Para mí, era el equivalente a una radio estropeada: por mucho que me esforzara en sintonizarla, la señal siempre era mala. Por contra, las señales que nos envía la termodinámica son clarísimas. También lo es la lección que nos ofrece para el día a día. Ordenar nuestra habitación no es difícil solo porque sea aburrido doblar y apilar cosas, planear dónde debería ir cada cosa y pelearse con la funda del nórdico, sino porque estás tratando de reducir la entropía de un ambiente cuya progresión espontánea va en dirección contraria, hacia el desorden. Así que, cuando tu padre, tu madre, pareja o compañero de piso intentan cambiar tu manera de ordenar las cosas, no solo te están pidiendo que superes la pereza o modifiques tu sentido del orden, también te enfrentan con los fundamentos de la termodinámica. La excusa perfecta para dejar las cosas como están.

Cómo ser termodinámicamente favorable

Si intentamos poner orden en nuestras vidas, tenemos que entender la ardua batalla que la termodinámica supone, aunque no significa que no podamos plantarle cara. ¿Recuerdas que el libro de texto explicaba que crear orden a partir del desorden es termodinámicamente desfavorable? Reducir la entropía (desorden) de un sistema requiere trabajo y energía, pero no es imposible. Solo es algo en lo que hay que invertir tiempo y energía. Cada uno tiene que decidir si el sacrificio merece la pena. Para mí, este libro fue un buen ejemplo; sus ideas pulieron y moldearon de alguna manera el desorden de mi cabeza. Me costó mucha energía organizar las ideas, pero es un ejercicio que he disfrutado y del que he aprendido mucho.

No se puede tener todo, hay que elegir qué preferimos: conservar nuestra energía mental y física, o lograr el objetivo que nos hemos propuesto. Lo clave es entender el intercambio. Si queremos crear orden, entramos en una batalla en contra de la termodinámica, y eso costará energía de una manera u otra.

Entonces, ¿cómo conseguir lo que queremos? ¿Cómo materializar el orden que anhelamos sin provocar una oposición termodinámica tan grande que no podamos superarla?

Parte de la respuesta consiste en tener unas expectativas realistas. Cuanto más precisa sea tu visión del orden, menor será el nivel de entropía que contemplas y mayor el esfuerzo que te supondrá conseguirla. La termodinámica es la enemiga del perfeccionismo, ya que el segundo principio hace que se convierta en una batalla sisífica. Por muy cerca que estemos de llevar la piedra hasta lo alto de la colina, la tendencia molecular hacia el desorden siempre la hará rodar colina abajo. Cuanto más perfeccionista seas con el orden, más escarpada será la cuesta por la que subir la piedra, la situación será más desfavorable termodinámicamente, y llegar a la cumbre requerirá más energía.

Así pues, vas a tener que cambiar tus expectativas; no hace falta reducirlas, pero sí redistribuirlas. Nuestra cantidad de energía y atención es fija, así que la cuestión reside en cómo las utilizamos. Acepta que no es posible escalar todos los picos de la cordillera del perfeccionismo, porque tienes que reservar energía suficiente para alcanzar las cumbres que realmente importan.

Por ejemplo, sé que ordenar mi habitación me llevará dos días de preparación en los que tendré que considerar todas las permutaciones, lidiar con la ansiedad que me genera

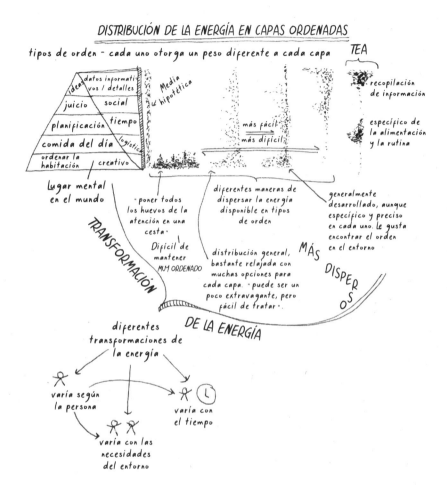

tener tantas opciones, preguntarme si el concepto de habitación ordenada realmente existe, y qué aspecto debería tener. Una vez me pongo manos a la obra, el proceso no es que se acelere. Durante la misión de ordenar para contentar a mi madre, tardé una hora en decidir dónde colocar el despertador y mi taza. Dos horas después había conseguido reubicar el cesto de la ropa sucia y abrir una ventana. Mi mente daba vueltas a todas las opciones y prioridades: dónde debería ir cada cosa, y si su sitio ideal no dependía del contexto. Como un ordenador con demasiados programas abiertos donde hasta el cursor se mueve despacio, mi mente se bloqueaba ante la gran cantidad de opciones y decisiones. Hora de tomarse una taza de té y echarme un rato, una vez más.

Como podéis comprobar, para mí, ordenar el cuarto es lo más termodinámicamente desfavorable que existe. No solo tengo que luchar contra la inevitabilidad del desorden, sino contra mi propia perspectiva de varios niveles sobre lo que puede representar el orden. Me agota la multitud de opciones, la confusión que conllevan y la manera en que mis preferencias se relacionan con las de otras personas.

Sabiendo todo esto, ¿por qué ordenar? Pues porque, a diferencia de los experimentos termodinámicos, nuestras vidas no son sistemas aislados. Convivimos con nuestros amigos, familiares y seres queridos, y todos ellos tienen sus propios parámetros para definir lo que es favorable. Y eso significa que tenemos que ceder. No puedes centrarte solo en lo que es óptimo para ti como individuo, también tienes que considerar a los que te rodean y empatizar con ellos. Así que hay incluso más batallas que elegir de las que parecía en un principio.

Orden: visiones contrapuestas

No hay que indagar demasiado para descubrir sobre qué discuten las personas. Si alguna vez has intentado crear una lista de canciones para la oficina, elegir una película para ver en grupo o encontrar una receta de salsa boloñesa que convenza a todo el mundo, sabrás que nuestro sentido de lo que es óptimo varía según la persona, a menudo de manera significativa.

¿En algún momento coincidiremos de manera unánime en que los tomates están riquísimos (respuesta correcta: por supuesto), en que una habitación ordenada tiene *este* aspecto o en que la personalidad de una persona en concreto es *esta*? Desafortunadamente, es probable que no.

Lo mismo sucede con nuestra visión del orden. Hay quienes prefieren, e incluso necesitan, clasificarlo todo por colores, organizarlo en montones y mantener un escritorio despejado, mientras que otros prefieren convivir en un sistema más caótico, o simplemente carecen de la paciencia necesaria. Otros, como yo, son una mezcla inconsistente de ambos casos.

Decidí ordenar mi habitación, aunque no fuera por iniciativa mía, porque sabía que con ello tranquilizaría a mi madre. Se trataba de encontrar un punto medio, y una forma de demostrar mi amor al anteponer su sentido del orden al mío. Quizás también buscaba un poco del orden que mi madre siempre mantuvo en casa, donde todo tenía un lugar claramente establecido, hasta el tapón del desagüe del lavabo. Mi lavabo, en cambio, ni siquiera tenía un tapón.

Sea cual sea la forma de orden por la que nos decantemos, lo importante es ser conscientes de que existen perspectivas diferentes. Es muy fácil asumir que lo que funciona para uno es óptimo para todo el mundo. Al fin y al cabo, si a ti te encaja, puede resultar difícil verlo desde otro punto de vista.

Como alguien que ha confiado en formas muy específicas de orden para sobrellevar la ansiedad, hago todo lo posible para devolver el favor. Sé que mucha gente apoyó y respetó mi sentido del orden cuando era pequeña, desde comer ciertos alimentos en platos concretos, planificar un horario enrevesado del día, peinarme siempre una trenza apretada (con un coletero al inicio y otro al final), hasta ver determinadas películas únicamente después de que yo recitara mi presentación previa y me sentara en mi silla favorita.

Si queremos estar en armonía con los demás, necesitamos empatizar más con la manera como ven el mundo y con el sentido del orden de cada uno. Reorganizar el estante de las especias de una cocina compartida, mover las sartenes a otro armario o cambiar el sitio de los cubiertos dentro de un cajón puede no parecer gran cosa. Pero cualquiera de estos cambios puede desestabilizar significativamente el sentido del orden de la gente con la que compartes el espacio, y no encontrarán fácilmente lo que buscan. Un detalle que desde una perspectiva parece una nimiedad puede ser mucho más relevante desde otra. Cuando me iba de mi antiguo piso y el casero estaba enseñándolo a posibles inquilinos, un día llegué a casa y encontré las persianas subidas un poquito, solo un poquito, más de la cuenta, lo que bastó para provocarme una pequeña crisis.

Si otra persona trata de imponerte su orden «por tu propio bien» (cuando en realidad es por el suyo), estás ante un ejemplo de comportamiento controlador y ante una batalla en la que tienes todo el derecho a no participar. Yo, desde luego, he pecado de esto: hasta los veintitrés años le tuve fobia a la gente que fumaba y bebía, y, si echo la vista atrás, me doy cuenta de que he saboteado amistades solo por puro miedo.

Por otra parte, tienes todo mi respeto si quieres tanto a tu madre que estás dispuesta a perturbar tu equilibrio energético para hacerla feliz, o si eres capaz de contenerte y no replicar un comentario borde a un amigo estresado. Estos sacrificios silenciosos del día a día son gestos microscópicos que demuestran la generosidad y el amor entre las personas.

Dicho esto, empatizar con las necesidades de los demás no significa que debas renunciar a las tuyas. La experiencia me ha enseñado los inconvenientes de la imitación. Cuando empecé a luchar contra el problema de cómo debía ser el orden en la habitación, me inspiré en la forma en que mis amigos ordenaban sus espacios vitales y sus vidas. Tal vez si imitaba sus hábitos a la hora de vestir y comer, la forma en que organizaban el armario o los pósteres que colgaban en la pared, conseguiría alcanzar ese ideal de orden (llegué hasta copiar la forma en que se ponían los calcetines, que, por cierto, no era nada coherente). Todo esto se desmoronó cuando la imitación no solo no trajo ningún cambio notable, sino que causé una gran consternación al copiar otra costumbre de una amiga: besar un póster de Zac Efron antes de acostarse. «No tiene que gustarte solo porque a mí me guste», me dijo avergonzada. Yo solo podía pensar en si me ayudaría a ordenar mi habitación. Y entonces el póster desapareció y tuve que volver a empezar.

Los riesgos de la imitación pueden ser incluso más graves. Si nos guiamos por las indicaciones de otras personas, nunca descubriremos lo que nos resulta más favorable desde el punto de vista termodinámico, ni aprenderemos a sintonizar nuestro ecosistema mental para optimizar el uso de nuestra reserva limitada de energía, mental y física, para satisfacer nuestras necesidades más importantes.

Esto podría significar que salgamos en lugar de quedarnos en casa por presión social, ya sea real o imaginaria. Puede afectar a todo tipo de elecciones, desde lo que comemos hasta como vestimos. Continuamente, topamos con situaciones en las que nuestro sentido del orden entra en conflicto con el de las personas que nos rodean. Tenemos que elegir cuándo conciliar nuestros puntos de vista y cuándo seguir nuestro propio camino.

Descubrí los peligros de dejarme influenciar al final de mi adolescencia, cuando me preocupé en exceso acerca de lo saludable. ¿Qué era «bueno» para mí y cómo podía llevar una vida saludable? Buscar respuestas a estas preguntas en internet (que siempre es un grave error) me dio indicaciones muy claras. Significaba hacer mucho ejercicio y eliminar ciertos alimentos, instrucciones que seguí al pie de la letra. Hasta tal punto que acabé eliminando de mi dieta casi todos los grupos de alimentos principales; una vez estuve tres días sin comer nada excepto una manzana, y cuando cumplí diecisiete años solo pesaba cuarenta kilos. Ignoraba el hambre e incluso las náuseas frecuentes porque pensaba que eran pasos necesarios para estar lo más sana posible. Tuve que llegar a estos extremos, por accidente, para descubrir que ese sentido artificial del orden correcto era, de hecho, la peor opción para mí. Sin embargo, aún me costó años comprender que, si quiero ir al gimnasio varias veces a la semana, necesito llevar una dieta sana con la energía necesaria para completar el ejercicio.

En ocasiones, el paisaje que dibuja mi mente es muy escarpado, ya que exploro montañas enteras de pruebas y opciones, por lo que extraigo conclusiones de un amplio abanico de posibilidades. Al igual que muchos adolescentes, me resultó complicado definir mis preferencias y me llevó muchos intentos de ensayo y error. No solo ordenar es duro, también requiere esfuerzo establecer una concepción propia de cómo es el orden para ti y cómo te hace sentir. La forma de ser y de vivir ideal es increíblemente personal. Y aunque hay que llegar a acuerdos con las personas que nos rodean, pues sus necesidades son tan únicas y están tan arraigadas como las nuestras, también necesitamos ser fieles a nuestra identidad, evitando que los demás decidan cómo deberíamos vivir o en qué deberíamos invertir nuestra energía.

Equilibrio: ¿es alcanzable?

Hay un concepto importante de la termodinámica que todavía no he expuesto, pero que puede ayudarnos a navegar entre el orden y el desorden que nos rodea: el equilibrio. El equilibrio es la madre de las reacciones reversibles, y resulta que también es, sin lugar a dudas, mi favorita. En todas las balanzas de abstracción científica, social y psicológica, existe un equilibrio de algún tipo: explica cómo conseguimos caminar, respirar voluntariamente y sostener un libro como este. Es el motivo por el que la calefacción central calienta tu habitación y por el que un pastel horneado no puede volver a su estado original.

Técnicamente, se trata del estado que se alcanza cuando la velocidad de la reacción química directa y la inversa ocurren simultáneamente, y el estado del sistema, en su conjunto, deja de cambiar. Si colocas un objeto caliente junto a uno frío, el equilibrio se alcanza cuando ambos están a la misma temperatura o, en otras palabras, el vaivén de reacciones ha alcanzado su punto de equilibrio perfecto.

Los principios de la termodinámica establecen que el equilibrio es el estado que cada sistema aislado tiende a alcanzar, ya que es el más eficiente, donde la energía libre de Gibbs ha reducido sus esfuerzos a cero: como no queda trabajo por hacer, no se requiere más energía.

Parece el estado ideal de la existencia: todo está proporcionado, funciona sin esfuerzo, y no hay sorpresas o cambios repentinos. El problema es que las personas no podemos alcanzar este equilibrio; ni a nivel biológico ni a nivel metafórico. Lo más cerca que nuestros cuerpos pueden llegar a estar del equilibrio es a través de la homeostasis (una serie de procesos que ayudan a regular el estado interno del cuerpo, como la temperatura, la cantidad de agua y minerales, o el nivel de azúcar en sangre). A su vez, es responsable de muchas cosas, desde cuánto sudamos, hasta cuándo nuestros vasos sanguíneos se contraen o dilatan, pasando por cuándo se libera insulina en el cuerpo.

Pero, como descubrí en uno de los libros de ciencia de mi tío, la homeostasis no es un equilibrio total. La frase en cuestión me dejó confundida, pero también me liberó: cuando el cuerpo alcanza el equilibrio final con su entorno, se considera muerto. Por tanto, el equilibrio es la definición de la mortalidad humana. Sacad vuestras propias conclusiones, pero anhelar y perseguir algo a la vez inalcanzable y fatídico es una paradójica condición humana.

A diferencia del estado neutro de la energía en equilibrio químico o térmico, la homeostasis es un proceso exigente que implica a múltiples órganos del cuerpo y necesita ciclos constantes de retroalimentación sobre condiciones cambiantes y la manera de responder ante ellas. Si lo comparamos con el relajante balanceo de la hamaca que describe el equilibrio, con sus oscilaciones en uno y otro sentido, la homeostasis es como intentar montar una tienda de campaña en medio de un huracán. Aunque parecen compartir un objetivo similar —un conjunto de condiciones constantes y regulares—, los medios para obtenerlo no pueden ser más dispares.

La mayor parte del tiempo, tenemos que esforzarnos tanto como nuestro cuerpo para mantener cierto grado de orden en nuestra vida. El día a día es como un balancín que recibe constantemente presión de ambos lados: las cosas que hacemos nosotros y las que recibimos de los demás. Mantener una sensación mínima de equilibrio supone un trabajo arduo, y debemos valorar constantemente si las decisiones que tomamos pueden tener una reacción opuesta equivalente en nuestro estado de ánimo o bienestar.

Esto implica marcarse a uno mismo cuáles son las elecciones y decisiones vitales que deseas llevar a cabo; no se puede tener todo. Por mucho que yo quiera ir al gimnasio cinco veces a la semana, como acabo con la nariz taponada, o la garganta irritada, eso me obliga a quedarme en casa descansando. El cuerpo dice una cosa y la mente pide otra. Aunque yo *siempre* quiero seguir lo que dicte mi mente, he aprendido que debo escuchar a mi cuerpo y dejar que marque la cantidad de ejercicio que puedo hacer cada día. No fue hasta los veintiséis años que lo entendí de verdad, después de diez años de sufrimiento.

Al igual que no podemos desafiar las leyes de la termodinámica, tampoco podemos evitar que el balancín se mueva. El desorden es inherente al sistema, tan inevitable como la gravedad. Y, puestos a ser sinceros, también es algo en lo que muchos de nosotros confiamos, pues ayuda a que nuestras vidas se desarrollen de forma orgánica. Es el motivo por el que somos imprecisos a la hora de decir cuándo entregaremos un trabajo o cuándo quedaremos con alguien; nos da el margen de maniobra que necesitamos, en lugar de establecer un compromiso firme. Por el contrario, si yo digo que voy a quedar con alguien «a mitad de semana», me refiero exactamente al miércoles a mediodía. ¿A qué me iba a referir si no?

Es importante ser conscientes de que nuestras vidas están en un delicado equilibrio, con influencias que provienen tanto de nuestras elecciones como de circunstancias y decisiones que escapan a nuestro control. Ninguna de nuestras decisiones está completamente aislada o libre de coste en términos termodinámicos. Absolutamente todo es una elección sobre cómo emplear la energía, con qué fin y a favor de quién. A cambio, afectará a nuestra capacidad de abordar el resto de elementos en nuestro vaivén.

Nunca, o casi nunca, se consigue un equilibrio total en todos los aspectos de la vida simultáneamente, puesto que intervienen demasiados factores. Como dice una de mis frases favoritas de *Breve historia del tiempo* de Stephen Hawking, «nada está nunca en reposo absoluto». Pasé numerosas noches en blanco pensando en esto, esperando que el mundo entero se coordinara y durmiera conmigo a la vez.

Cuanto más conscientes seamos del vaivén, más fácil nos será tomar decisiones conscientes que creen un mínimo de equilibrio y orden. No es un orden perfecto ni está completamente controlado, pero es lo máximo a lo que podemos aspirar.

Hay algo liberador en aceptar los límites del orden que somos capaces de aportar a nuestras vidas. Una vez aceptamos que no es posible vivir una vida perfectamente planeada, al igual que un castillo de arena no puede resistir la fuerza de la marea, resulta más fácil centrarnos en las cosas que sí podemos controlar. Ya tenemos bastante con lo que lidiar como para añadir expectativas poco realistas a la ecuación. Una vez aclarado este punto, es hora de que pasemos a los tipos de orden que se pueden crear y cómo se obtienen. El primer paso es pactar objetivos con uno mismo: recuerda que cuanto más preciso sea, más energía requerirá. Así que, si la tarea es exigente, es importante asegurarse de que el esfuerzo merezca la pena. No tiene sentido ordenar tu habitación si no te hace sentir mejor a ti, o a otra persona. Y aunque querer hacerlo todo es parte de la naturaleza humana, es mejor priorizar las cosas que supongan una mayor diferencia e intentar no lamentarnos por aquellas para las que no tenemos suficiente tiempo o energía.

Después de pactar con uno mismo, toca hacer lo mismo con los demás. Si compartes piso o despacho con otras personas, habrá visiones enfrentadas sobre cuál es la temperatura, el diseño o la organización ideal. No se puede contentar a todo el mundo, pero todas las perspectivas deben respetarse y tenerse en cuenta. Puede sonar sencillo, pero si nos fijamos en la cantidad de energía que conlleva hacer cosas —comprendiendo cómo está relacionado con los principios de la termodinámica— puede suponer una gran diferencia. Nos libera del concepto tóxico de hacerlo necesariamente todo de inmediato, complacer a todo el mundo y cumplir todas las expectativas. Esto no solo es poco útil sino inalcanzable, y la ciencia lo demuestra. Ceder y aceptar compromisos no supone rendirse, sino ajustarse a la realidad de acuerdo con la física.

El éxito de una vida termodinámicamente favorable consiste en aceptar los objetivos adecuados. Requiere conocer tu propio sentido del orden y cómo quieres que sean las cosas y, partiendo de ahí, estar dispuesto a ceder. Es necesario empatizar con la forma en que otros ven el mundo y amoldarse a ella, sin dejar de lado nuestras propias necesidades. Y es imperativo aceptar el desorden, que no es lo mismo que rendirse a él.

Pero, sobre todo, es necesario darse cuenta de lo desfavorable que es la perfección. Hacedme caso: ser inflexible es una de las cosas más agotadoras que hay. Por el contrario, decidir conscientemente lo que se puede hacer (o no) en un día o una semana determinados, y no sentir ni un ápice de culpa por ello, es una de las cosas más empoderadoras que existe. Estar vivo consiste en aceptar y jugar con el desorden. Y menos mal que lo hacemos, o, de lo contrario, la vida sería muy aburrida y monótona (además de energéticamente desfavorable para la evolución humana). Sin desorden, seríamos objetos inanimados. Una silla, tal vez (pero no la mía, esa ya está ocupada).

4. Cómo sentir el miedo

Luz, refracción y miedo

Son las dos y media de la madrugada, y mi habitación está inmersa en una espesa oscuridad y un silencio gélido. No hay nadie aquí que pueda percibir lo paralizada que estoy. Quiero llamar a mi madre, pero está en su casa, a cuarenta y cinco minutos en coche. No consigo dominar la ansiedad que me causan el color naranja y la textura de galletas que visualizo en mi cabeza y el olor del nuevo champú en mi almohada. No puedo dormir y quiero irme a casa.

Las noches siempre eran los momentos de máxima ansiedad para mí. El TDAH me provocaba insomnio, mientras que el TEA rellenaba las horas en vela de pensamientos y miedos obsesivos. Me quedaba atrapada en el medio: entre el miedo a quedarme dormida y el miedo a estar despierta. A menudo, necesitaba que mi madre se trajera su almohada y durmiera a mi lado en el suelo de mi habitación para sentirme lo bastante segura como para superar la noche.

Estos temores nocturnos son solo un ejemplo de los miedos que me han acompañado a lo largo de la vida. Están los detonantes típicos de la ansiedad que siguen afectándome incluso a día de hoy, como los ruidos repentinos o las multitudes. Y luego están los miedos cuyo origen sigo sin identificar. Me tomo un zumo de zanahoria y naranja —mi capricho semanal— y sigo preguntándome por qué este color me causaba tanto rechazo. La comida, la ropa o los asientos de plástico de color naranja solían parecerme sustancias tóxicas o contagiosas que debía evitar a toda costa. Así funciona el TEA: crea miedos instintivos y rechazos inexplicables que, sin embargo, no pueden ignorarse.

El miedo es algo con lo que todos convivimos, además de necesario y fundamental para la supervivencia de la especie. Sin miedo no hay escepticismo, ni precaución, ni control o contrapeso sobre nuestros impulsos. No obstante, lo opuesto también es peligroso. Cuando solo sentimos miedo, nos paralizamos y no somos capaces de pensar con claridad ni de tomar decisiones. Tus miedos pueden ser pequeños, como una reunión de trabajo complicada o confesar tus sentimientos por alguien, o tal vez sean grandes: fobias que siempre te han acompañado, preocupaciones sobre grandes cambios en la vida, temores relacionados con la salud o con los problemas de dinero. Sea como fuere, todos tenemos miedo, lo reconozcamos o no, y al margen de su magnitud. A menos que comprendamos nuestros miedos, analizando su origen y examinándolos de forma racional, corremos el riesgo de que controlen nuestras vidas en lugar de controlarlos nosotros a ellos. El miedo puede ser irracional, pero lo más probable es que tenga una explicación lógica y razonable; y nuestra respuesta también debe serlo.

Con el Asperger, hay momentos en los que todos tus pensamientos y miedos te ciegan como un potente rayo de luz. Llegan todos a la vez, y careces de la habilidad inherente de separar las distintas emociones, ansiedades, impulsos y estímulos. Otro de mis grandes miedos eran las alarmas de incendios, un sonido aterrador que ponía mis sentidos alerta, mientras el ruido retumbaba por todo mi cuerpo. Imagina una sensación de terror físico total. En la escuela, cuando los demás estudiantes formaban filas ordenadas al estilo militar, yo corría lo más lejos y rápido posible para alejarme del ruido.

En momentos como ese, necesitaba estar a oscuras, con las persianas bajadas, unos cascos aislantes, y a ser posible, refugiarme debajo de mi escritorio. Ese era, y es, mi método de supervivencia. Pero esta no es manera de vivir. Tenía que superar mis miedos, en lugar de ocultarme de ellos. Dado que no poseía un filtro integrado e inconsciente, supe que debía crear uno propio que me permitiera sobrellevar el miedo y convivir con él.

En la misma medida en que el miedo me abrumaba como una luz cegadora, mis estudios fotónicos (los fotones son las partículas cuánticas que componen la luz) me ayudaron a comprender cómo dividir estos miedos, igual que un rayo de luz que se refracta y descompone en muchos colores y frecuencias diferentes. Nuestros miedos, que nunca son tan únicos o abrumadores como nos parece, pueden abordarse de la misma manera. Con el filtro adecuado, podemos desgranar, comprender y racionalizar nuestros miedos y verlos desde una nueva perspectiva. Así que deja el #sinfiltros para Instagram. En la vida real, necesitamos todos los filtros a nuestro alcance.

Por qué el miedo es como la luz

La oscuridad y la luz siempre me han fascinado. En casa tenía mi árbol favorito, bajo cuya sombra me cobijaba y me ayudaba a sentirme segura. Siempre he necesitado zonas de baja intensidad lumínica para protegerme de una sobrecarga sensorial.

Sin embargo, la luz también me encantaba y sus propiedades me cautivaban. Mi madre había colocado una concha de ostra de cristal en su habitación, en el alféizar de la ventana, que esparcía la luz solar refractada por toda la estancia y me revelaba los tesoros naturales del sol cuando este se descomponía en todo un espectro de colores: rojo intenso en la parte superior y azul violáceo suave en la inferior. En ese momento todo cobraba vida y cada mañana, a las siete y media, me acercaba verlo, excepto en los meses de invierno, cuando las nubes me privaban del espectáculo.

Era un momento de paz y fascinación previo a un día que podía estar plagado de miedos y ansiedad. Instintivamente, supe que necesitaba un prisma propio para los pensamientos que se enredaban en mi cabeza como una bola de espaguetis. Tenía que separar mis miedos, comprender todo lo que contenían y desenmarañar una sensación que, de otra manera, me resultaba abrumadora.

Empecé por revisitar las partes más vívidas de mi día —una vez a salvo debajo de mi escritorio, eso por descontado— y traté de vincular cada escenario a su emoción más poderosa. ¿Qué había generado unos sentimientos tan fuertes y cómo había agravado eso la situación? Mientras trazaba el mapa de mis emociones, volvía una y otra vez a esas mañanas en que veía la luz refractarse a través de la concha de cristal. Mis ataques de ansiedad eran como un rayo de luz blanca: abrumadores. Me resultaba imposible mirarlos directamente, eran algo de lo que solo podía alejarme (o huir). Sin embargo, dentro de esa ansiedad cegadora había todo un espectro de emociones, algunas más fuertes e inmediatas que otras, y todas interactuaban y se mezclaban para generar el miedo.

La refracción era una perspectiva perfecta para comprender y clasificar mis miedos, gracias a mi sinestesia, una variación en la percepción que suele generar vínculos mentales entre sentidos sin relación aparente. Hay gente para quien esto significa tener la capacidad de ver el sonido o saborear los olores. Para mí, siempre ha significado que siento los colores de la misma forma que los veo, y todos tienen su propia personalidad. Ver los miedos en el espectro de luz me ayuda a distinguirlos con más claridad y nitidez.

La sinestesia no es necesaria para utilizar esta perspectiva. Tampoco hay que padecer una cantidad ingente de

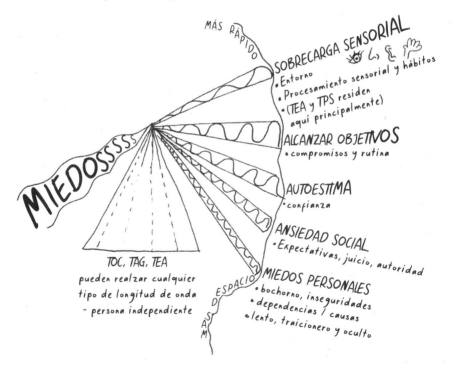

miedos paralizantes. Todos tenemos miedos, conscientes o inconscientes, y todos nos enfrentamos a momentos en los que el miedo nos domina de una forma incontrolable. ¿Alguna vez te han aconsejado tranquilizarte o respirar hondo? Es exactamente lo que hace la refracción. Cuando la luz pasa de una sustancia a otra, cambia de velocidad. Dado que la luz viaja más despacio a través del cristal o del agua que del aire (ambos tienen un índice de refracción mayor), la onda de luz reducirá su velocidad. En el ejemplo del clásico prisma, al igual que ocurría con la figura de cristal de mi madre, la luz se dispersa en siete longitudes de onda visibles: rojo, naranja, amarillo, verde, azul, índigo y violeta (más las invisibles: el infrarrojo y el ultravioleta).

En otras palabras, si reducimos la velocidad de la onda de luz, seremos capaces de verla de otra manera: en todo su esplendor y con sus múltiples colores. El efecto prisma nos otorga una nueva perspectiva, ya que convierte algo que era único y cegador en un espectro mucho más claro, e incluso más asombroso. Para comprender nuestros miedos adecuadamente, tenemos que hacer exactamente lo mismo: mirarlos desde una nueva perspectiva, con el fin de diferenciarlos y, en consecuencia, cambiar nuestra reacción. En otras palabras, tenemos que situarnos en la misma longitud de onda que las cosas que nos dan miedo.

Captar la longitud de onda

La refracción ocurre porque la luz no viaja en línea recta, sino en ondas que oscilan y se ondulan en función de las diferencias energéticas del momento. Hay ondas que transportan la luz a través del espacio, similares a las ondas de sonido, de radio, los rayos X y las microondas.

Todas las ondas, ya sea la que permite a un pesquero sintonizar la radio de largo alcance (la única que se puede sintonizar desde el mar), o la que se usa para preparar platos precocinados, tienen su propia frecuencia. Una onda de alta frecuencia tiene picos altos y muy juntos, como una barra de Toblerone especialmente puntiaguda. La de baja frecuencia tiene formas más suaves, similares a las de una serpiente ondulante. Cuanto más alta sea la frecuencia, más energía transporta, pero la distancia que puede recorrer en un prisma es menor, ya que interactúa con los átomos que contiene, que disipan la energía. Cuanto más alta es la frecuencia de luz, más se doblará al entrar en contacto con un medio más denso que el aire (como el cristal o el agua). El ritmo al que viajan las ondas afecta a todo lo que vemos y oímos a nuestro alrededor: durante una tormenta, verás el relámpago antes de oír retumbar el trueno, porque la luz viaja más rápido que el sonido (aproximadamente un millón de veces más rápido a través del aire, donde no encuentra obstáculos, mientras que el sonido interactúa con los elementos que lo rodean). En realidad, ambos ocurren al mismo tiempo.

Cuando la luz refracta a través de un prisma, vemos los distintos colores porque el alto índice de refracción del cristal ha ralentizado las ondas a una velocidad que llega al espectro visible (ondas que el ojo humano puede ver). El índice de refracción cuantifica la velocidad de la luz en relación con la sustancia: es una medida de densidad óptica que nos revela que la luz viaja más despacio a través de objetos más densos (viajará más despacio sucesivamente a través del cristal, que es más denso que el agua, que es más densa que el aire).

Cuando la luz hace este recorrido, podemos ver algo que antes era invisible: que hay colores diferentes dentro de la luz, cada uno con su propia longitud de onda. La onda más larga es la del color rojo, así que es la que viaja más lejos y es la que menos se dobla al pasar a través del prisma. El violeta es el color con la longitud de onda más corta: por lo tanto, su refracción es mayor. Las diferentes longitudes de onda explican por qué el color rojo, que cubre una mayor distancia, siempre se ve en la parte superior del arco iris, y el violeta en la parte inferior.

Las longitudes de onda son importantes para nuestra analogía del miedo y la luz por dos razones. En primer lugar, la sensación inicial de miedo, la luz blanca cegadora, no es única, sino que contiene emociones, detonantes y orígenes diferentes. Y, en segundo lugar, no todos los miedos son iguales: del mismo modo que los diferentes colores de la luz, nuestros miedos y ansiedades tienen sus propias longitudes de onda, con variaciones de intensidad. Algunas tendrán gran intensidad en una distancia corta (lo que en mi caso sería oír un ruido fuerte en la calle), mientras que otras son un tamborileo menos agudo, pero más prolongado, en nuestra cabeza (como mi miedo a establecer contacto visual con la gente). Las emociones más fuertes y agudas son como el color violeta, de alta frecuencia —intensas y convulsas—, mientras que los sentimientos molestos son rojos, menos extremos, de baja frecuencia y larga duración. Y, como ocurre en el mar, a veces las diferentes ondas se combinan para crear un tsunami de miedo del que no puedes huir.

Fue mi gran descubrimiento con respecto a los miedos que amenazaban con hacerme la vida imposible. La ansiedad no es un estado sólido y único dentro de nuestra cabeza, sino un ente fluido con multitud de componentes.

El concepto de refracción puede ayudarnos a separarlos, a desenmarañar las distintas cosas que nos asustan, a distinguir entre los detonantes de alta o baja frecuencia y, en último término, a encontrar maneras de gestionarlos. Cuando estoy al borde de un ataque de pánico, utilizo el efecto prisma para evaluar la situación y evitar un colapso completo. ¿Se trata de una onda de frecuencia alta, un detonante sensorial de mi entorno inmediato, como alguien que me ha rozado accidentalmente al pasar, que ha gritado, o que se ha reído de forma estridente? ¿O se trata de uno de esos pensamientos constantes de onda de frecuencia baja que me asaltan, como miedos sobre el futuro, a ponerme enferma o a si este jersey que pica me va a provocar psoriasis?

¿Estoy experimentando un ataque de pánico del TDAH, en los que siento náuseas porque no tengo suficientes estímulos, o del TEA, en los que hay demasiadas opciones, mi mente se bloquea y tengo que aislarme en mi refugio? Uno me hace sentir como si girara en un tiovivo que va cada vez más rápido y el otro me hace sentir como si cayera en espiral hacia mi interior; me lleva a alejarme del mundo y a replegarme sobre mí misma. A menos que entienda de qué caso se trata y qué lo ha provocado, no hay nada que pueda hacer para evitar la crisis.

Aunque eso tan simple de «vencer» tus miedos no existe, comprender a lo que te enfrentas para aspirar a gestionarlos mejor no es un mal punto de partida. Necesitamos un prisma. De hecho, necesitamos ser el prisma.

Convertirse en prisma

Nuestro impulso natural ante el miedo es tratar de minimizarlo. Pensamos que, si comprimimos nuestros miedos, los metemos en una caja muy pequeña y la escondemos en el rincón más recóndito de nuestra cabeza, nos libraremos de su influencia. Sin embargo, tratar de mantener los miedos a raya así es como creer que el sol dejará de salir algún día. Si algo nos provoca ansiedad, no dejará de hacerlo hasta que comprendamos por qué, y qué podemos hacer al respecto. La negación no es una opción, aunque sea nuestro primer impulso instintivo.

Al principio intenté abordar mis miedos así, dejando de hacer cosas que me gustaban, como participar en carreras de obstáculos en barro y deportes extremos, comprar mermelada cara sin descuento (lo hago por culpa de un exnovio, que solo la compraba de oferta) o incluso —el Santo Grial— enamorarme. Son cosas que deseo pero que me dan miedo. Sin embargo, negarlas es peor que el miedo: es una especie de estreñimiento mental que te atrapa y que hace que te odies a ti misma por no arriesgarte nunca. Vivir de este modo opaco es tan poco sostenible como aguantar la respiración para siempre: al final, tu espíritu se ahoga. Es mejor arriesgarse a sentir miedo que no sentir nada, es mejor ser lo bastante transparente como para que la luz pueda atravesarte.

Ignorar los detonantes de mi ansiedad de la noche a la mañana no funcionó, por lo que deduje que necesitaba una manera de hacerme transparente a ellos. Tenía que convertirme en el prisma: no ocultando mis miedos, sino mostrándolos, dejándolos brillar a través de mí, para descomponer sus partes, estudiarlos exhaustivamente, comprender mejor su naturaleza y, por último, convivir con ellos.

El miedo es un intangible, algo que existe en nuestras mentes, por lo que nuestro prisma también debe ser mental. Se trata de entrenar la mente para filtrar el miedo a través de un prisma refractivo virtual en lugar de dejar que la luz blanca de la ansiedad nuble nuestra capacidad de pensar de manera racional. Aprender a hacerlo no es fácil ni rápido. Un buen punto de partida es pensar en los escenarios previos y tratar de identificar, en retrospectiva, que causó el miedo. A menudo hay varios factores, así que trata de identificarlos por separado y pensar en cómo interactuaron entre ellos. Intenta separar la raíz del miedo de aquello que, simplemente, lo agravó. Identifica qué emociones fueron más intensas y abrumadoras. Separa los diferentes hilos hasta que tengas un espectro completo de emociones, que abarque los detonantes de alta frecuencia y las ansiedades de baja frecuencia. Con esta técnica, podrás mapear tus miedos para que pasen de un sentimiento intangible de terror a convertirse en algo que puedas comprender, explicar y gestionar mejor en el futuro.

Con la práctica, mejorarás hasta ser capaz de refractar en tiempo real e interponer el prisma mental ante los miedos a medida que se producen y, con suerte, encontrar una solución. No es un método infalible, pero, cuanto más lo hago, afronto mejor los miedos y las ansiedades que surgen en mi vida cotidiana: desde prepararme para salir por la puerta cada mañana, hasta emprender mi viaje matutino al trabajo, pasando por las situaciones sociales cotidianas. En lugar de ser una esponja de miedo que lo absorbe todo hasta que no puede más, intento convertirme en un prisma capaz de refractar en mi interior un haz de alta intensidad.

Trato de convertirme en el prisma más denso posible, que reúna todas mis experiencias de un acontecimiento o un miedo concreto en un mismo punto. Así tengo la capacidad de procesamiento y la densidad mental necesarias para reducir la velocidad a la que viaja el miedo —como la luz a través del cristal— y minimizar las probabilidades de que me supere. De esta manera, recobro el control y soy capaz de analizar las nuevas hebras de color y los detalles que muestra el prisma. Esto es difícil cuando la ansiedad me bloquea y mi cabeza gira como una bola de discoteca en la oscuridad, pero solo cuando me convierto en el prisma más denso y se reduce la velocidad del miedo, soy capaz de no cerrarme y dejar que me atraviese la luz.

Por ejemplo, si alguien me pide que lo mire a los ojos, siento una oleada inmediata de miedo de frecuencia alta (onda corta) y luz cegadora. En esos momentos tengo que reaccionar rápido para evitar que este miedo instintivo y profundo, que ataca directamente a mi TEA, me abrume. Gracias a la técnica del prisma, separo algunas de las ondas dentro de esa luz blanca: la más larga y rojiza, que representa mi miedo al contacto humano, de la más inmediata, la onda violeta, que es mi miedo a que alguien sea capaz de ver más allá de mi exterior, que vea a través de mi fachada, perfectamente estudiada, y descubra la ansiedad subyacente. Una vez identificados estos hilos, empiezo a razonar: vale, no me gusta este tipo de contacto humano, pero sé por experiencia que no me hará daño. Y no, esta persona no quiere de mirarme a los ojos para descubrir nada: solo trata de mantener una conversación. No van a averiguar todo lo que he descubierto sobre ellos a través de la observación simplemente con mirarme a los ojos. Cuando por fin he separado los distintos hilos del miedo inicial, aplico este tipo de lógica. No es factible ni sensato intentar racionalizar el miedo en su estado más crudo, el de luz blanca. Primero debe pasar por el prisma.

Construir este tipo de densidad también es una buena oportunidad para reunir y ordenar tus ideas, lo que permite basar las decisiones en los patrones de datos acumulados en experiencias previas, en lugar de en momentos de pánico o ansiedad. Desde esta perspectiva, no solo nuestra respuesta al miedo mejorará, sino que también perfeccionaremos nuestro proceso de toma de decisiones: un tipo de entrenamiento de alta intensidad para la mente, similar las sesiones de HIIT (entrenamiento de intervalos de alta intensidad) que están tan de moda en el gimnasio.

Entonces, ¿cómo desarrollar y perfeccionar nuestros prismas mentales para conseguirlo? Hay que empezar por comportarse como un prisma y aprender a ser más transparentes. En lugar de avergonzarnos de las cosas que nos dan miedo, como si representaran una debilidad, deberíamos ser honestos y abiertos al respecto. No hay que tener miedo de contar nuestros temores más profundos a nuestros amigos y familiares y jamás debería darnos vergüenza compartirlos, ya sea con un amigo o con un compañero de trabajo. Es necesario ser claros sobre lo que nos da miedo para desarrollar una mentalidad prismática. Es lo que nos permite dejar de lado el impulso de comprimir nuestros miedos, y nos prepara para examinarlos a través de esta nueva perspectiva. Es importante tener presente, sin embargo, que se trata de un proceso bidireccional, ya que para abrirse es necesario sentirse en un entorno y compañía seguros. Esto puede resultar difícil en un entorno de presión en el que hay que rendir, como en el ámbito profesional, que nos invita a adoptar la fachada robusta y masculina de la indiferencia, que, por cierto, tiene un índice de refracción muy bajo.

Cómo ser transparente depende de cada individuo. Al igual que los diferentes materiales tienen su propio índice de refracción —la velocidad a la que la luz puede pasar a través de ellos— todos debemos desarrollar nuestro propio nivel de comodidad. Habrá quienes tengan menos dificultades a la hora de ser transparentes que otros. Yo siempre he sido una especie de libro abierto, ya que muestro y digo exactamente lo que siento. Esta transparencia es un arma de doble filo. Dado que me falta el filtro del realismo, si veo un cartel motivador en el metro de Londres que diga: «Cualquier cosa puede pasar», es probable que asuma que estoy a punto de contraer una enfermedad mortal, o de sucumbir a una muerte inmediata y silenciosa. ¿Alguna vez te has planteado ser tan abierto de mente que te sintieras abrumado por la ansiedad cada día? Bienvenido: ser tan transparente que, literalmente, te asustas a ti misma hace la vida bastante difícil.

En cambio, quizá seas más propenso a guardar tus sentimientos para ti y estés menos dispuesto a compartirlos, irónicamente, por el miedo al qué dirán. Sin embargo, la transparencia y la honestidad son imprescindibles para dominar el miedo. A menos que aprendas a pensar y comportarte como un prisma, vas a tener muchas dificultades para emular su increíble capacidad de descomponer la ansiedad en las bellas, comprensibles y manejables distintas longitudes de onda que la han creado. Ser más abierto es el primer paso para controlar los miedos, y es el camino para volver a sentirse vivo. Y si esto te asusta, pues fantástico. Ya sabes por dónde empezar.

Convertir el miedo en inspiración

Tras toda una vida luchando contra la ansiedad, he comprendido algo importante. En lugar de ser uno de mis mayores lastres, la ansiedad es, en realidad, uno de mis puntos fuertes. Me permite pensar más rápidamente en posibles soluciones y sacar conclusiones con más rapidez (por necesidad, ya que hay mucha información que procesar). Los métodos que he descrito en este capítulo son una parte importante de cómo convierto la espiral de un ataque de ansiedad en momentos de inspiración: maximizo mi poder y capacidad de procesamiento para reunir los diferentes hilos de mis experiencias e ideas.

Estas técnicas me permiten vivir sin sentirme abrumada por el miedo, pero eso no es todo. También hay algo inspirador cuando miro de frente la luz blanca de mis miedos. Es el mismo impulso por el que la humanidad siempre se ha sentido atraída por el fuego —un recurso muy peligroso que también ha hecho avanzar la evolución humana— y que explica por qué los niños siempre intentan mirar directamente al sol, incluso (quizás sobre todo) cuando ya se les ha advertido que es peligroso.

La «refracción» mental es un mecanismo de superación, pero también es un catalizador. Descompone la cegadora luz del miedo en algo increíble: los colores del arco iris. De igual manera, las cosas que nos asustan también contienen ideas y estímulos que nos inspiran. Nuestros miedos están plagados de pensamientos que, una vez separados de manera que podamos lidiar con ellos, nos permiten percibirnos a nosotros mismos y al mundo de otra manera. Enfrentarse a lo que supone un desafío y nos asusta significa acercarse a lo que nos hace sentir vivos y nos da ideas sobre los siguientes retos.

Abordar el miedo desde la negación no solo es una manera ineficaz de no sentir miedo. También nos priva de otras cosas. Si nunca me hubiera enfrentado a mi miedo a establecer contacto visual, me habría perdido muchas de las conexiones humanas que tanto valoro, precisamente por lo mucho que me cuesta establecerlas. Puede que no me guste demasiado tener que cruzar la mirada con alguien, pero sé que el resultado final suele merecer la pena.

Si tratas de no tener miedo, también limitas tu capacidad creativa, tu inspiración y tu fascinación por las cosas inesperadas. Dejas de aprender, de mejorar y de evolucionar como persona. El miedo forma parte de nosotros y, si tratamos de eliminarlo, también nos privamos de una parte de nosotros mismos. Cuanto mejor gestiono mis miedos, me doy más cuenta de lo importantes que son y de lo mucho que los echaría de menos.

El miedo es divertido porque, aunque haya dado la impresión que impregna todos los aspectos de mi vida (y en cierta medida, así es), hay cosas en las que soy de lo más intrépida comparativamente. Por ejemplo, nunca he tenido problemas para decir lo que pienso a la gente, incluso a las temibles figuras de autoridad. El juicio de otros no me acobarda, ya que temer a tu propia especie no tiene ningún sentido.

Imagina su respuesta cuando, a los diez años, le dije al director del colegio: «Deje de leer mi correo y métase en sus asuntos», después de que me confiscaran una carta que estaba escribiendo a mis padres. «Esa carta no es para usted, sino para mis padres. No debería haberla abierto porque no es asunto suyo». Esta respuesta me costó un castigo de varias horas, pero el director no me asustaba, ni sus enormes orejas ni tampoco el dedo calloso de troglodita con el que me mandó a su despacho. Creí que mi respuesta estaba justificada, y no le temía porque ocupara un puesto de autoridad. El filtro que hace que muchas personas se muestren cuidadosas o deferentes en su trato con otros no existe en mi cabeza; ese respeto se lo tienen que ganar con el tiempo y mediante sus actos.

Cuando abordamos el miedo, todos tenemos nuestras ansiedades particulares. A mí no me asustan las cosas que probablemente a ti sí, pero me aterran cosas en las que tú ni siquiera te fijarías, que a menudo se consideran «tontas» o «innecesarias» (lo que no mejora la cosa). Al carecer de los filtros típicos, estoy sobreexpuesta a las cosas cotidianas y desconozco las numerosas convenciones y normas sociales que no he aprendido a través de la experiencia. Gracias a mi TEA y TDAH puedo estar abrumada y aburrida al mismo tiempo. Puedo estar completamente desconcertada por un cambio de rutina en una clase de gimnasia, pero permanecer impasible si me entero de que un familiar o amigo tiene cáncer (lo que me convierte en una mala compañera de ejercicio, pero en una excelente oyente y terapeuta). Vivir con el #sinfiltros incorporado puede ser una experiencia confusa, pero también representa uno de los puntos fuertes de la neurodiversidad y de las inusuales habilidades que aportamos.

Tanto si eres alguien con pocos filtros o con muchos, hay uno que me parece necesario: el del prisma del miedo. Necesitamos el efecto de dispersión del prisma para convertir el miedo que antes era abrumador en una fuerza manejable, y aceptable. Es muy importante reflexionar sobre cómo nos controla el miedo, en lugar de limitarnos a desterrarlo de nuestras vidas. El miedo es necesario y puede formar parte de cómo hallamos la inspiración o la motivación. Cuando estamos asustados, también recordamos todo lo valioso de nuestras vidas, y hace brotar nuestro instinto humano de proteger a las personas y cosas que amamos.

Si tratamos de encerrar el miedo en cajas mentales, perdemos todas sus ventajas y seguimos sufriendo sus perjuicios. Por el contrario, aceptar los miedos y filtrarlos a través de nuestro prisma mental nos ayuda a convertirlos en un recurso que podemos aprovechar, como la energía mareomotriz. Sé que no habrá un día de mi vida en que no sienta miedo. Pero también sé que me siento viva gracias al miedo. El miedo no es algo que debamos «iluminar», sino que es la luz con la que todos podemos aprender a vivir mejor e incluso beneficiarnos de ella. Por eso veo el miedo que me infunde mi TEA no como un problema que resolver, sino como un privilegio cegador del que aprovecharme.

5. Cómo encontrar la armonía

La teoría de las ondas, el movimiento armónico y cómo encontrar tu frecuencia de resonancia

Para cualquier padre, una tarde larga y gris y unos niños aburridos forman un cóctel explosivo. Y cuando se trata de una niña aburrida y con TDAH, la situación es el doble de difícil. Mi padre siempre ha sido genial, en especial por su inagotable ingenio para encontrar cosas que me entretuvieran.

Sabía que darme algo con lo que experimentar era la mejor manera de mantener el aburrimiento a raya. Uno de estos experimentos lo hacíamos en el río que pasaba cerca de casa, donde muchas veces la sencilla y eterna fascinación de lanzar los guijarros contra el agua salvó muchas tardes de fines de semana y de vacaciones.

Apostaría a que todos los lectores lo han probado. Al igual que yo, tú también habrás visto muchísimos intentos fallidos que se han hundido con el primer impacto, sin la satisfacción de ver la piedra rebotar alegremente por el agua, dejando un rastro de pequeñas ondas a su paso. Como mi padre solía decir, es el movimiento de la piedra lo que da vida al río; nada pasa si no ocurre nada.

Mis tendencias científicas y obsesivas me llevaron a pasarme horas buscando la piedra perfecta: debía ser una de superficie plana para maximizar su habilidad de crear ondas mágicas en el agua. Aun así, muchas veces solo lograba una triste salpicadura. Solo en unas cuantas ocasiones conseguí alcanzar la perfección y que la piedra se deslizara por el agua como si hubiese nacido para ello, haciendo que cobrara vida lo que, de otro modo, solo era un río tranquilo. Cuando esto ocurre, se produce una armonía perfecta entre la superficie y el objeto que la perturba, y surgen fuerzas que compiten entre sí y que permiten a la piedra seguir saltando hacia adelante. Fue una lección temprana sobre la belleza y el significado de nuestras acciones y la diferencia, a menudo mínima, entre crear un impacto positivo o negativo.

A través de la superficie de nuestras vidas, la gente nueva y las circunstancias lanzan cantos rodados constantemente. Algunos se hundirán de forma dolorosa y habrá otros que ni siquiera notaremos, pero, igual que los principiantes hacen rebotar la piedra de vez en cuando, hay veces en las que algo nos golpea en el ángulo justo. Conocemos a una persona que cambiará nuestra vida para mejor, tenemos una idea que nos permite ver el mundo de otra manera, o leemos algo que altera nuestra perspectiva. El guijarro de un nuevo encuentro rebota sobre la superficie, extendiendo sus ondas por toda nuestra conciencia.

Yo creo que esos momentos no son accidentales, o no tienen por qué serlo. Hay una ciencia que explica estas sincronicidades, al igual que hay una técnica para hacer que el guijarro rebote sobre el agua. Las ondas, como las que crea el canto rodado cuando pasa por el agua, son fundamentales para comprender el movimiento, la dinámica y la mecánica. Algunas de las ideas más importantes de la física derivan del estudio del movimiento, oscilación e interacción de las ondas.

En este aspecto, los humanos no son tan diferentes de la luz, el sonido, o las mareas. Nuestras personalidades, nuestras relaciones y nuestro estado de ánimo oscilan como las ondas, se ondulan hacia arriba y hacia abajo y se ven alteradas por las ondas paralelas y opuestas con las que se encuentran. La mecánica de la oscilación, el movimiento armónico y la teoría de las ondas nos ayudan a comprender las vicisitudes de nuestro carácter y cómo hacer coincidir esa sintonía interior con la de los demás, para evitar la disonancia y sintonizar con las personas, los lugares y las situaciones que definen nuestras vidas.

Movimiento armónico y amplitud

Tal vez habrá pasado mucho tiempo, pero estoy segura de que recuerdas cuando de pequeño ibas al parque y corrías hacia los columpios; o tal vez tengas un hijo que insista en que lo empujes más alto. Hay algo inolvidable en el movimiento rítmico del columpio, que se eleva hasta la cima de su arco y vuelve a bajar, una y otra vez. Es alegre, liberador y, sobre todo, fiable. Por un lado, te protegen las fuerzas centrípetas (que hacen que los objetos sigan una trayectoria curva, y vuelvan al punto central) que impiden que salgas disparado y, por otro lado, la presencia tranquilizadora de un padre o un familiar para «atraparte» desde abajo.

El humilde columpio no solo es una de las actividades favoritas de la infancia, ni un mero asiento de plástico encadenado a un armazón de hierro. También es un oscilador, un sistema que experimenta un patrón repetido de movimiento entre dos posiciones fijas, y un ejemplo de movimiento armónico simple, donde la fuerza que te arrastra hacia abajo es la misma que te «desplaza» (empuja) del equilibrio inicial. Los osciladores —otros ejemplos son los muelles y los péndulos de los relojes antiguos— son una herramienta experimental importante de la física, ya que se usan para demostrar sistemas bastante más complejos que los de un parque infantil. También nos ayudan a comprender los principios de la teoría de ondas y la física mecánica que arrojan nueva luz sobre nuestras personalidades y relaciones.

Al igual que la gente, los osciladores pueden ser predecibles, y también impredecibles. Tienen un recorrido previsto, pero este puede cambiar en función de las fuerzas externas que se ejerzan sobre ellos: en el ejemplo del columpio, podemos apoyar los pies en la tierra para crear fricción o impulsarnos para acelerar el ritmo. Y, al igual que nuestras personalidades pueden ser más moderadas o extremas, los osciladores pueden tener amplitudes (los picos y los puntos bajos de su arco) puntiagudas o suaves.

Para comprender lo que el columpio puede enseñarnos, pensemos en la oscilación como un patrón de ondas.

En el siguiente diagrama, la línea horizontal es el punto de equilibrio del que partimos, sentados en el asiento, esperando a ser empujados. El punto más alto y el más bajo de la onda conforman la amplitud, que básicamente es el «tamaño» del arco del balanceo. Cada onda, ya sean las olas de la playa o las ondas de la música que suena en tus auriculares, tiene una amplitud que se refleja en el tamaño de lo que vemos o del ruido que escuchamos. El tamaño de la amplitud es proporcional a la cantidad de energía que transporta: la fuerza con la que nos empujaron en el columpio. Nuestra onda también tiene una frecuencia, un

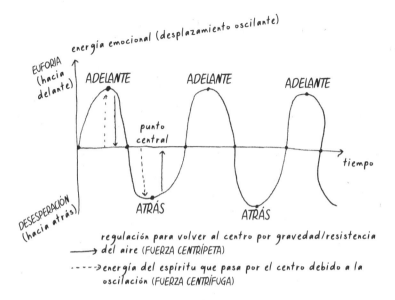

ritmo de oscilación, que mide la velocidad (cuando los picos de la onda se aproximan, significa que el movimiento se ha acelerado).

En el capítulo anterior analizamos las ondas en términos de luz y refracción. Ahora quiero que pensemos en nosotros mismos a través del mismo prisma. Porque, igual que en el columpio, estamos literalmente montados en una onda de movimiento armónico simple, también nuestras vidas y personalidades tienen sus propios patrones inherentes de ondas.

Piensa en la gente que siempre parece tener sus emociones a raya, que nunca se muestra abiertamente molesta por los problemas y que básicamente es «estable». Se trata de una personalidad de baja amplitud, que nunca se separa demasiado de su punto de equilibrio. Ni las fuerzas emocionales que impulsan a este tipo de persona, ni las que la arrastran de vuelta son demasiado grandes. Se trata de un balanceo lento, constante y suave en el columpio: sin sacudidas bruscas ni mareos.

Por el contrario, una persona de alta amplitud es alguien que tiene más energía que quemar, cuyos picos y caídas emocionales son más extremos, y que, probablemente, también vaya más rápido, a una frecuencia mayor. Es el tipo de balanceo que marea, ya que los ascensos van seguidos por descensos inestables y sacudidas repentinas de fuerza inesperada. Esto, por supuesto, me describe con bastante precisión, especialmente debido a mi TDAH.

Los TDAH, por usar otro ejemplo clásico del movimiento armónico simple, somos como un muelle muy comprimido. Oscilamos con mucha fuerza, con impaciencia y de una forma que, a menudo, puede intimidar o confundir a los demás. Tenemos más energía, y eso se traduce en una amplitud mayor, menos estable y más drástica. Porque, según las leyes del movimiento, cuanto mayor es la fuerza de impulso, su opuesta —la de caída— también será mayor. Vivir con estas intensas fuerzas de «subida» y «bajada» en constante oscilación, que te arrastran de un extremo a otro, puede ser agotador.

El frenético patrón de onda del TDAH refleja que la energía que tenemos que consumir en nuestro día a día es mayor y nos obliga a funcionar en una frecuencia muy alta, que nos lleva a un comportamiento impulsivo y a periodos cortos de atención. La energía tiene que ir a alguna parte, así que nuestro oscilador se pone en marcha a una frecuencia y amplitud mayores para darle salida. Estos impulsos respetan pocas convenciones y explican por qué, a veces, he salido al jardín al atardecer, en pijama, sin otro propósito que saltar en la cama elástica: mi muelle interno

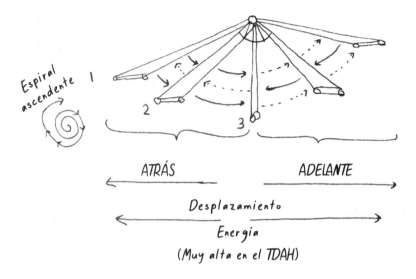

Espiral ascendente 1

2

3

ATRÁS

ADELANTE

Desplazamiento

Energía

(Muy alta en el TDAH)

está tan tenso como los que me impulsan hacia el cielo del anochecer.

Tanto si tienes una personalidad de alta o de baja frecuencia —ambas tienen sus ventajas y sus inconvenientes—, lo importante es comprender el ritmo al que oscila tu carácter. El diagnóstico relativamente reciente de mi TDAH me ha permitido comprender mi comportamiento y hacer los ajustes pertinentes: desde dónde vivo hasta con quién salgo. Para que la vida avance de forma tan natural como un buen balanceo en el columpio, necesitamos comprender tanto nuestra amplitud de onda como la de la gente que nos rodea. Solo entonces podremos encontrar una armonía energética en nuestro interior, que es la base para la armonía energética en relación con los demás.

Interferencia constructiva y resonancia

La perspectiva de la amplitud es importante ya que los osciladores y las ondas no existen de forma aislada. Un oscilador armónico no existe en un mundo perfecto y libre de fricción que permite que una pelota sobre un muelle suba y baje durante toda la eternidad. Lo mismo sucede con el niño en el columpio, al que afectan factores externos como la resistencia al viento, o el tiempo del que dispone la persona que lo empuja.

Esto también se aplica a todos los aspectos de la vida. La onda de nuestra personalidad no se desarrolla alegremente, ajena al espacio y el tiempo, siguiendo un camino ininterrumpido y sin obstáculos. Al contrario, tropieza e interactúa con otras ondas que pueden cambiar de manera significativa su forma, ritmo y dirección.

Hay dos conceptos que ayudan a describir este proceso y que ilustran el tipo de circunstancias externas para las que debemos prepararnos y adaptarnos. Son la interferencia, lo que sucede cuando se juntan dos ondas, y la resonancia, el impacto de las fuerzas externas en un patrón de onda.

Interferencia

La interferencia es la combinación de las ondas y de los efectos que pueden tener entre sí. Cuando dos ondas interactúan, la onda fruto de esta interacción es el resultado de su «superposición»: la suma de sus dos amplitudes en el momento en que se solapan.

Hay dos resultados posibles. En el caso de las interferencias constructivas, dos ondas cuyas amplitudes están sincronizadas se combinan para formar una onda más grande. Es similar a cuando te sientas en la playa y ves cómo las olas se superponen unas a otras de manera que su cresta se hace cada vez más grande. Es lo que pasa cuando conoces a alguien que te lleva a ser una versión mejorada de ti mismo. Sin embargo, las ondas, ya sean de luz, de sonido o las olas del mar, no siempre están sincronizadas. Y cuando dos ondas se cruzan en el momento en que una está en su punto máximo y la otra cerca de su punto mínimo, ocurre lo contrario. Se trata de una interferencia destructiva, donde dos ondas que compiten entre sí se anulan mutuamente y hacen que una situación vuelva al punto de equilibrio. La amplitud positiva del pico y la negativa de la caída se suman hasta que su superposición llega a cero, punto en el que no se ve ni se oye nada. Las personas que interfieren de forma destructiva en tu vida son las que minan tu energía y tu alegría, neutralizándola con el impacto de su negatividad.

Un buen ejemplo es una de mis posesiones más importantes: los auriculares con cancelación activa de sonido. Nunca salgo de casa sin ellos, por la protección que me proporcionan frente al ruido de las cafeterías, las sirenas de las ambulancias y la gente que grita desde las ventanillas de los coches. Gracias a esta interferencia destructiva me siento segura yendo a sitios a los que, de otra manera, no podría ir: los cascos crean una onda de sonido que anula las ondas circundantes, y mis oídos no escuchan nada. Es el equilibrio de dos ondas cuyas amplitudes suman cero.

En conclusión, las ondas pueden amplificarse o anularse mutuamente. Pueden combinarse para crear algo más grande de lo que serían de forma aislada. También pueden chocar hasta alcanzar el punto de equilibrio en el que el sonido

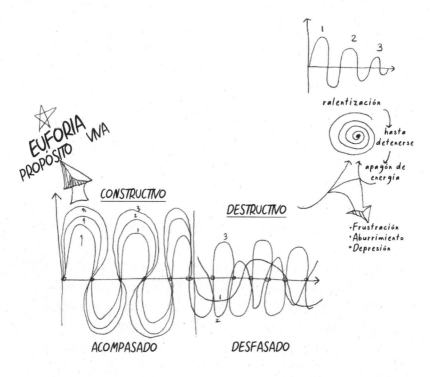

desparece, las luces se apagan y la energía se desvanece. O pueden hacer cualquier cosa en el amplio espectro entre esos dos extremos. Lo que hace que unas ondas sean inarmónicas no son sus propiedades inherentes, sino el punto en el que se encuentran. Dos ondas podrían ser constructivas cuando están sincronizadas, y destructivas si están desfasadas. Como todo en la vida, los tiempos son clave.

Resonancia

El tiempo también es esencial en el caso de la resonancia, otro concepto importantísimo para entender lo que la teoría de las ondas y el movimiento armónico pueden enseñarnos sobre la vida. Este concepto hace referencia a la frecuencia «resonante» en la que un sistema de ondas opera de forma más natural: el ruido que hace una copa de vino al golpearla con la uña o el arco natural de un columpio en movimiento. El poder de la resonancia es lo que ocurre cuando se aplica otra fuerza: su impacto en el objeto en cuestión depende mucho más de si comparte frecuencia que de su potencia. En otras palabras, un empujón relativamente pequeño sobre el columpio en el punto justo de su arco —que se alinee con su frecuencia de resonancia— será mucho más eficaz que un empujón fuerte pero mal calculado, antes o después de alcanzar el momento crítico del retorno. En el caso de la copa de vino, otra onda sonora en la misma frecuencia posee la fuerza suficiente para romperla, algo que no ocurriría con un ruido muy fuerte (y una onda de mayor amplitud) en una frecuencia diferente.

La resonancia y la interferencia nos indican que la sincronización es lo que realmente marca la diferencia en la naturaleza. A menudo, estar «en sintonía» tiene más impacto que ser increíblemente fuerte. Lo mismo ocurre con las personalidades humanas y su funcionamiento. Si alguna vez has dicho que una nueva amistad o amor y tú «habéis conectado», ya sabes qué es una interferencia constructiva a nivel humano: una relación puede ser mucho más divertida, enérgica y revitalizadora si dos personalidades se impulsan mutuamente hasta un nivel que no alcanzarían de forma aislada. Por otra parte, probablemente también hayas experimentado lo contrario, cuando alguien que no está en sintonía contigo parece absorberte la energía y la capacidad de disfrutar. Al igual que un ruido molesto puede quedar «anulado» hasta el punto de equilibrio por otra onda desfasada, nuestro carácter y nuestra personalidad quedan neutralizados por la gente equivocada. Estas interferencias destructivas resultan agotadoras, nos hacen sentir mal y nos impiden disfrutar de las cosas.

Como alguien que a menudo se ha sentido en una longitud de onda diferente a la del resto del mundo, sé que entender la frecuencia, la interferencia y la resonancia resulta muy útil a la hora de gestionar los altibajos de la interacción social. Eso me ayuda a saber de quién debo rodearme, las personas y situaciones que me animan o me hunden, y cómo sacar el máximo partido a mi personalidad un tanto extrema: soy consciente de que puedo ser «difícil» para algunas personas, pero también sé que tengo mucho amor que ofrecer. A continuación, quiero analizar cómo poner en práctica estos conceptos para estar en sintonía con las personas de nuestro entorno y así sacar el máximo provecho a las relaciones que enriquecen nuestra vida y alejarnos de las que le restan valor.

Sintonía de longitud de onda

Desde muy pequeña, siempre he tenido la sensación de estar distanciada de los demás, de que hay cosas que ellos entienden y yo no, y sentimientos que ellos tienen y yo no. He tardado casi toda la vida en darme cuenta de que no solo estoy en una onda diferente a la de los demás a nivel metafórico, sino también en un sentido neurológico literal.

Los movimientos de ondas viajan por nuestras cabezas del mismo modo que el sonido y la luz viajan a través del aire: desde las ondas suaves de baja frecuencia cuando dormimos —llamadas ondas delta y theta— hasta las más abruptas —ondas alfa— cuando estamos relajados y no hacemos nada en particular, o las de alta frecuencia cuando nos concentramos en una tarea que requiere que estemos atentos y concentrados: ondas beta y gamma. En función de la situación, nuestras ondas cerebrales son capaces de crear una armonía neurológica relajada o un ritmo más acelerado.

Para quien tiene TDAH, el cerebro a menudo se encuentra en la longitud de onda equivocada para una situación concreta: desacompasada con las de sus compañeros, como si estuviera en una silenciosa discoteca neuroquímica propia. Los estudios sugieren que un cerebro TDAH tiene más probabilidades de quedarse atascado en el modo theta cuando la tarea que tiene entre manos requiere más actividad beta. El resultado es que el sentido del tiempo y el espacio se colapsa en un caos indefinido, como si estuviera debajo del agua. El mundo gira a un ritmo y su cerebro a otro. La consecuencia es una combinación de ansiedad y una serie de días en los que toda tu energía se consume intentando orientarte. Gestionar mi mente es como tratar de vigilar una habitación repleta de niños pequeños: a ratos descansan, pero abundan los momentos en que lloran, gritan o ríen de manera descontrolada.

Para entender lo que se siente, imagina que conduces un Ferrari por una avenida concurrida. El ritmo al que tu cerebro quiere ir no es compatible con el entorno que lo rodea. Pasas de una cosa a otra, pisando constantemente el acelerador mental, mientras a tu alrededor solo hay peatones, otros vehículos y semáforos. Tu cerebro quiere ir más deprisa, más deprisa, más deprisa, pero te sigues encontrando elementos que ralentizan el tráfico de la vida cotidiana: no olvidar las llaves, llegar al trabajo a tiempo, comer, ser amable con la gente. Es mucho trabajo.

Tener TDAH no solo dificulta la concentración durante largos periodos de tiempo. También te hace increíblemente impulsivo, voluble y propenso a pasar rápidamente de la euforia a una enérgica desesperación. La atención también oscila de manera brutal, como una veleta golpeada por constantes ráfagas de distracciones.

Puede que vaya a la cocina con la mera intención de prepararme una taza de té, que coja un libro interesante mientras el agua hierve, me olvide de todo mientras busco un cuaderno para hacer unas anotaciones, de pronto decida dar un paseo para comprar algo de comida, vuelva a casa con un paquete de chicles para aliviar la ansiedad, me dé cuenta de que he dejado el té abandonado y que se ha echado a perder, me ponga los guantes para lavarla y vuelva a olvidarme de todo cuando decido subir una foto a Instagram con los guantes puestos. Es demasiado esfuerzo para una taza de té que nunca me voy a tomar.

Mi cerebro TDAH es un monstruo de alta frecuencia y gran amplitud en el que tanto los picos como las caídas pueden ser bastante extremos.

Esto significa que debo tener cuidado a la hora de interactuar con otras longitudes de onda: tanto por mi propio bien como por el de los demás. Sé que en ocasiones puedo ser un *poquito* dramática, ya que a veces la energía y entusiasmo inherentes a mi condición se desbordan y puedo parecer cortante, excesivamente directa o emocional.

«Te pasas, Millie» es una frase que solía escuchar. Actualmente, en el trabajo, procuro mantener a raya mi entusiasmo a la hora de decir algo importante o presentar una idea para no ofender a alguien, sin pretenderlo, cortándole o hablando más alto que él. También debo recordarme a mí misma que el entusiasmo no es un pecado capital y que debo seguir expresándome. Al fin y al cabo, a todo el mundo le viene bien un chute de energía (o una bandeja de bollos) que levanta el ánimo en el soso ambiente de la oficina. Gestionar mi relación con el mundo exterior es una tarea incierta, como tratar de sintonizar una radio estropeada: a veces capto la frecuencia perfecta, pero a menudo solo obtengo un montón de molestas interferencias.

Al mismo tiempo, debo tener cuidado y asegurarme de que las otras longitudes de onda de mi vida (que pueden ser personas, lugares y situaciones) sean más constructivas que destructivas. He pasado por varios episodios de depresión en mi vida, y creo que la causa fundamental ha sido encontrarme en circunstancias en las que mi amplitud natural estaba tan desacompasada con mi contexto vital que me resultaba un obstáculo imposible de salvar. Mi consumo de energía para seguir adelante era cada vez mayor y en gran parte inútil. Mi espíritu de gran amplitud se sumía, a menudo, en un doloroso silencio. Y cuanto más evidente era la diferencia entre mi entorno y yo, más sola y aislada me sentía; mi propia inutilidad me frustraba y desconfiaba de mi personalidad y de mis necesidades naturales. Esta lógica silenciosa era la raíz de mi depresión, y me hacía cuestionarme tanto a mí misma como a mi entorno, ya que temía que cada acto fuera un desacierto. Cuando conseguía activarme, lo hacía en un estado apagado y depresivo, sepultando mi verdadero ser y poniéndome la máscara de la normalidad para interactuar con la gente, algo que suponía todavía más energía y, con el tiempo, empeoraba mi situación.

La primera vez que me sentí así fue durante mi doctorado, cuando llegué a un punto en el que necesitaba comprobar cada coma de algo que ya había reescrito cuatro veces.

Mi mente era un torbellino de ideas y cosas que quería hacer, pero me obligaban a situarme al nivel más bajo de amplitud. Con el paso del tiempo, cada vez me costaba más limitar mi imaginación y concentrarme, y empecé a perder toda la energía y el entusiasmo. Solo salía de la cama una hora al día. Me costaba estar activa, y eso por no hablar de concentrarme en mi trabajo.

Algo parecido me sucedió recientemente, cuando me mudé a Slough por trabajo. Acepté el trabajo pensando que una jornada de 9 a 5 en un polígono industrial podría ser una especie de «año sabático». En lugar de eso, la acumulación de tarjetas de cliente de las cafeterías y las puertas automáticas, de pasmosa lentitud, representaban todo lo contrario. No recibía ninguno de los estímulos que necesitaba y volví a sentirme mal sincronizada con mi entorno. Casi podía sentir cómo mi energía quedaba sepultada bajo las carpetas beis y se consumía bajo los fluorescentes. Al final obtuve algo positivo, ya que a los veintiséis años, además de hacer algunos grandes amigos, me diagnosticaron oficialmente el TDAH, lo que me ayudó a comprender la sensación de asimetría que siempre había sentido con respecto a mi planeta y mi especie.

Lo que me enseñaron esos dos episodios de mi vida, lecciones reforzadas por mis amistades y relaciones tanto buenas como malas, es que debemos ser sensibles a la diferencia entre amplitudes, ya sean las longitudes de onda de dos personas o la tuya propia y el lugar donde vives o donde trabajas. Dado que yo tengo una amplitud y una energía altas por naturaleza, que van de la emoción extrema por una idea a la posibilidad de abrumarme y angustiarme por un mal olor o un color que me desagrada, me cuesta tratar con la gente y las situaciones que tienen una amplitud totalmente diferente, situaciones donde los demás se muestren indiferentes e incluso hostiles, y le doy demasiadas vueltas a si puedo o no encajar.

Si el nivel natural de otra persona es mucho más relajado y tranquilo que el mío, es probable que me frustre, aunque casi siempre acabo sintiendo cierta culpa, ya que a menudo puedo asustarles con mi exceso de intensidad. Por eso, aparte de la gente que sé que me entiende, a menudo decido estar sola en lugar de con personas con las que creo que acabaré en una interferencia destructiva. Sé, por experiencia lo agotador que resulta tratar de adaptarse al

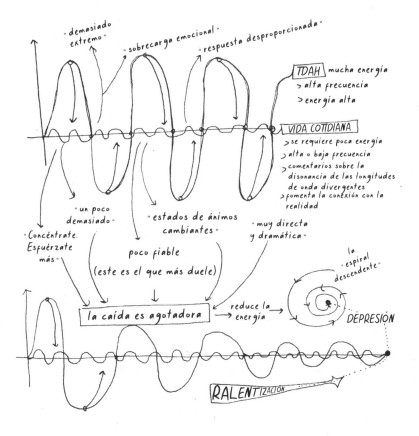

entorno y la norma social. Para mí, es un esfuerzo que no merece la pena.

Por el contrario, de la misma manera que la falta de sintonía con nuestro entorno es agotadora y desesperante, encontrar a otros con la misma frecuencia de resonancia es una de las cosas más maravillosas de la vida. Al igual que el empujón del columpio en el momento exacto, un amigo, una pareja, o un compañero de trabajo con el que estemos en sincronía puede tener un efecto enormemente positivo con un esfuerzo mínimo: basta un comentario, una broma, un gesto o un mensaje breve. Al igual que la persona errónea puede arruinar nuestro humor, la adecuada puede potenciarlo. La magia de la interferencia constructiva nos ayuda a nosotros y a nuestros compañeros de viaje ——en lo social, en lo romántico, en lo profesional— a vivir lo mejor posible, mejor de lo que podríamos vivir por separado. Como soy consciente de mi diferencia con respecto a la mayoría, sé que el número de personas con las que estoy en sintonía es menor. Me esfuerzo por buscar estos faros de interferencia constructiva que pueden igualar, complementar y, a veces, suavizar los arranques de mi personalidad.

Sabes quiénes son cuando los ves; es como si saltaran chispas, es la conexión y unión de la que se habla para explicar por qué las personas se hacen amigas o amantes. Cuando alguien habla sobre una persona a la que acaba de conocer diciendo: «Parece como si nos conociéramos de toda la vida», no se trata de una sensación totalmente irracional. Aunque puede que todavía no conozcas a esa persona, vuestras longitudes de onda de personalidad y carácter tienen lo suficiente en común como para que vuestros comportamientos, suposiciones y preferencias se alineen inconscientemente, incluso antes de que os deis la mano. Lleváis años recorriendo gran parte del mismo camino antes de que vuestras vidas converjan.

Cuando hablo de estar en la misma frecuencia de alguien, no me refiero a que debas compartir exactamente la misma amplitud. Para estar «en la misma longitud de onda» que otra persona no hace falta que vuestras ondas sean exactamente iguales. De hecho, probablemente es mejor que no lo sean. Al igual que la armonía musical requiere la combinación de diferentes notas, la armonía humana requiere personalidades que estén sincronizadas: lo bastante parecidas como para que la diferencia no sea demasiado difícil de conectar, pero lo bastante diferentes como para que se compensen entre sí. Como la piedra que rebota sobre el agua, dos objetos —o personas— no tienen por qué ser parecidos para crear algo hermoso juntos. Todo depende del ángulo —y del momento— de la interacción.

Mis mejores amigos son aquellos que me ayudarán a moderar mis estados de ánimo más excitables y a levantarme de mis caídas más brutales; y por los que yo puedo hacer lo mismo. Como ilustra el diagrama de la página siguiente, lo importante es que los patrones de onda compartan lo suficiente de su pauta para complementarse mutuamente sin perder la individualidad. Necesitamos el reto y el potencial de cambio que suponen las ondas (personalidades) distintas de las nuestras; esto potencia la capacidad de exploración, el ingrediente clave de cualquier experimento científico y de toda vida plena. Sin embargo, este tipo de diversidad solo funciona dentro de ciertos límites. Las ondas no pueden divergir tanto que impidan que dos personas se adapten a sus distintas frecuencias para superar las perturbaciones naturales y beneficiarse de sus diferencias en lugar de verse abrumadas por ellas.

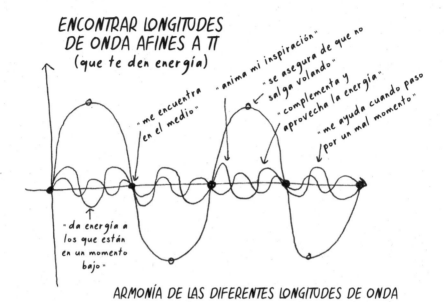

ENCONTRAR LONGITUDES DE ONDA AFINES A π
(que te den energía)

"me encuentra en el medio"

"anima mi inspiración"

"se asegura de que no salga volando"

"complementa y aprovecha la energía"

"me ayuda cuando paso por un mal momento"

"da energía a los que están en un momento bajo"

ARMONÍA DE LAS DIFERENTES LONGITUDES DE ONDA

Para seguir con la analogía musical, nuestras vidas son como una orquesta sin director. Todos tocamos nuestro instrumento con la esperanza de encontrar algo de armonía a nuestro alrededor y cada uno toca a su propio ritmo, a menudo discordante entre sí. Dado que no hay un director que sincronice a todo el mundo, debemos escucharnos para saber quiénes pueden armonizar con nuestra melodía y quienes chocarán con ella, por mucho que nos esforcemos. Lo que deberíamos escuchar es la resonancia: la gente, los espacios de trabajo y los lugares donde vivir que nos potencien casi por definición, simplemente existiendo, porque están en sintonía con nuestra frecuencia de resonancia. Esta resonancia es algo que la mayoría de nosotros busca durante toda la vida, en amigos, parejas, trabajos u hogares que nos transmitan paz, plenitud y felicidad. La búsqueda debe comenzar por ser conscientes de nuestra longitud de onda y por la empatía hacia las de los demás. En el péndulo de la vida, todos debemos encontrar nuestro propio ritmo y a la gente que nos ayude a bailar a su compás.

6. Cómo no seguir al rebaño

Dinámica molecular, conformidad e individualidad

Siempre me ha fascinado cómo se mueven las personas y las cosas. A los cinco años, me sentaba a observar las partículas de polvo que flotaban en los rayos de sol que entraban por la ventana de mi habitación. Me fascinaba su abundancia y su forma de moverse, casi todas juntas, mientras algunas lo hacían de manera distinta. Me sentaba al sol con los ojos cerrados, sentía su calidez en el rostro y contaba cuántas partículas me caían en las mejillas. De hecho, solo me dejaban hacerlo durante quince minutos al día, ya que me gustaba tanto que podría haberme pasado allí sentada todo el día, disfrutando de la polvorienta luz solar.

Su movimiento me cautivaba, y también su magnitud. Nosotros, como humanos, podíamos ser tan insignificantes en comparación con otras cosas que apenas podíamos ver o entender. En ese punto de mi vida, antes de estudiar bioquímica, el elemento más pequeño que entendía era el que me acababan de enseñar en la escuela: el punto final. Era la representación de lo que más tarde entendería como átomos. Este aprendizaje contenía el secreto de las nubes de polvo en las que me bañaba cada mañana.

Mientras soñaba despierta, la voz de mi madre llegaba desde el pie de la escalera: «¡Millie! No te lo voy a volver a preguntar, ¿de qué quieres la tostada?». Al bajar las escaleras con mis gafas falsas (en ese momento, quería ser como Elton John), solté la gran pregunta que ocupaba mi mente: «Mamá, ¿cuántos puntos finales hay en el mundo?». «Supongo que eso significa que quieres Vegemite», contestó ella mientras enarcaba las cejas, divertida.

Nunca obtuve una respuesta satisfactoria sobre los puntos finales, pero, desde entonces, siempre he observado y analizado cómo se mueve el mundo que me rodea. Me sentaba en una cafetería mientras fingía leer un libro, aunque realmente observaba cómo se movía y comportaba la gente de mi alrededor: a nivel individual y colectivo. ¿Qué era predecible y qué aleatorio? ¿Hasta qué punto podía confiar en el comportamiento dinámico de los demás para encontrar mi camino cargado de ansiedad a través de la multitud?

Observaba y leía: la teoría de Thomas Hobbes sobre la naturaleza del hombre y a Adolphe Quetelet sobre *l'homme moyen* (una persona promedio cuyo comportamiento representaría la media de la población en su conjunto). Jugaba a Civilization V para simular cómo las diferentes decisiones humanas configuraban el mundo a gran escala. Y, cada vez que me subía al tren o me sentaba en el patio del colegio, observaba y descubría más sobre cómo se comportaba la gente con respecto a los demás y acerca de los patrones del movimiento humano.

La pregunta a la que trataba de dar respuesta era esencial. ¿Nuestro comportamiento es básicamente individual o conformista? ¿Nos movemos según nuestro propio ritmo o nos adaptamos a la multitud? ¿Somos una de las partículas de polvo que se mueven juntas en una nube o una de las que van por su cuenta? A diferencia de Hobbes —aunque creo que podría llevar su mítico cuello ancho cuadrado— mi motivación no era filosófica. Para mí, se trataba de una pregunta profundamente práctica. Si no puedo prever el comportamiento de quienes me rodean con cierto grado de certeza, nunca me sentiré segura entre ellos (o cerca de ellos). Antes de reunir la valentía suficiente para emprender un viaje a través de las terroríficas y malolientes multitudes que se agolpaban en cada tienda, acera o andén, debía comprender sus normas. Necesitaba estudiarlas para sentirme segura y tranquila. De lo contrario, volvería a suceder lo mismo que en otras tantas excursiones de mi infancia: me escondería en el coche, con un abrigo sobre la cabeza para aislarme del ruido y la luz, mientras mi hermana me consolaba.

Lydia fue la primera que me ayudó a ver las multitudes que tanto me asustaban en clave de juego. Convertir una calle abarrotada en una especie de Tetris humano le quitaba importancia a la situación y me permitía ponerme el sombrero (y el abrigo) de científica. Podía convertir aquello que me daba miedo en algo que realmente disfrutaba: un problema teórico que analizar.

Así, aunque las multitudes sigan figurando entre mis mayores temores, observar a la gente se ha convertido en uno de los grandes placeres de mi vida. Me entretengo más siguiendo el rumbo de los peatones que cruzan la calle que con una serie entera en Netflix. Debe de ser una fascinación parecida a la que sintieron los hombres de las cavernas por el movimiento del fuego. Llamadme aburrida, pero no hay nada tedioso en el comportamiento humano, ni siquiera en las situaciones más mundanas. De hecho, al igual que los clásicos elementos (tierra, aire, agua y fuego) que tanto fascinaron a los científicos de la antigüedad, el comportamiento humano derrocha imprevisibilidad e intriga. Las narraciones cotidianas pueden parecer lentas, pero, si observamos todas las ramificaciones de las historias que suceden a nuestro alrededor, hasta el más impaciente quedará satisfecho. Es mucho más dramático de lo que jamás podrá ser el guion de una serie de televisión o de una película, que encadena su narrativa a través de una línea temporal totalmente predecible.

Considero que todo el mundo puede beneficiarse de lo que he aprendido a través de este proceso, incluso si ir por la calle es algo que te resulta fácil (en mi caso no es así). El conflicto entre lo individual y lo colectivo nos afecta a todos de alguna manera. Cuando se trata de marcar el rumbo de nuestras vidas, todos nos enfrentamos a decisiones sobre las cosas que queremos frente a lo que la sociedad espera de nosotros o nos obliga a hacer. Prácticamente todas las decisiones importantes que tomamos tienen motivaciones tanto individuales como colectivas que, a veces, nos empujan en direcciones opuestas. Sopesar las necesidades individuales y las exigencias colectivas es uno de nuestros mayores retos.

Si queremos trazar nuestro rumbo individual con confianza, es importante comprender el contexto de nuestras vidas y el comportamiento de las personas que nos rodean y de nuestro entorno inmediato. ¿Son comportamientos normales? ¿Tienen que serlo? ¿Podemos ir por nuestra cuenta sin aislarnos del resto del mundo? ¿Importa si queremos y necesitamos cosas diferentes que la gente que nos rodea? Para profundizar en nosotros mismos debemos observar el mundo exterior y estudiar el movimiento de la multitud a través del espacio y el tiempo.

Multitudes y consensos

¿La multitud se define por el comportamiento del colectivo o por los comportamientos de los numerosos individuos que la conforman? O bien, en mi búsqueda de un camino que evitara interacciones innecesarias, ¿debía fijarme en los individuos o guiarme según la pauta de movimiento colectivo?

Mi primer impulso fue comenzar desde abajo, con los movimientos a nivel molecular sobre los que había leído en mis libros de química. Quizás esto se podría aplicar a escala humana, rastreando la trayectoria prevista para cada individuo, al igual que con una molécula que se mueve a través de un campo de fuerza. Esto me llevó a observar los distintos movimientos de las personas: había quienes se apartaban por educación o amabilidad, y quienes eran más asertivos y firmes con respecto a su derecho de paso, y corrían porque estaban ocupados o porque querían parecerlo. Había gente rápida y gente lenta; gente corpulenta y gente menuda de cuerpo ágil. Se trataba de una mezcla variopinta: como los átomos que los componían en todas sus formas.

Enseguida descubrí que hacer un seguimiento del movimiento de cada individuo es básicamente imposible. El instinto me empuja a hacerlo en cada viaje al trabajo, pero me deja exhausta y con una necesidad imperiosa de echarme una siesta. Es como si intentas contar las partículas de polvo: pronto te das cuenta de que se te acaba el tiempo, la paciencia o la energía.

Tratar de cuantificar las cosas a nivel individual no solo es poco práctico. También es inútil en términos científicos, ya que la gente, al igual que las partículas, no actúa de manera completamente independiente. Formamos parte de un sistema, un entorno más amplio de componentes tangibles e intangibles, desde la gente hasta los objetos inanimados, el clima y las convenciones sociales. Somos una parte del sistema, y en muchos sentidos este también nos da forma. Ya sea de manera consciente o inconsciente, observamos y asimilamos el comportamiento de la gente que nos rodea. Y eso condiciona nuestros pensamientos y nos ayuda a determinar nuestras acciones de manera indirecta. Una bandada de pájaros es capaz de cambiar de dirección en cuestión de segundos como consecuencia de la reacción y anticipación de los movimientos de unos pocos. Lo mismo nos ocurre a nosotros, aunque a otro ritmo, cuando evaluamos hacia qué lado se dirigirá la persona que viene de frente o cómo puede reaccionar alguien ante una decisión vital importante.

Este sistema nos lleva a medir algo más: algo más factible. Y, aunque es posible suponer que analizar un sistema no nos aporte mucho en cuanto al comportamiento de sus componentes, la cinética y la teoría de partículas demuestran lo contrario. Porque, aunque un individuo pueda comportarse de forma aparentemente aleatoria e impredecible, los sistemas en su conjunto son actores más fiables y testigos más fidedignos. De hecho, han sido mi punto de partida para comprender cómo gestionar mi propio movimiento con respecto al de los demás.

El concepto clave es el movimiento browniano, la teoría que explica el movimiento de las partículas. Esta teoría muestra que las partículas suspendidas en un fluido (un líquido o un gas) se mueven de manera aleatoria al chocar con las otras moléculas. Son las moléculas que no podemos ver (sin un microscopio) empujando a las que sí vemos, gracias a la fuerza de su número; el ritmo y la dirección del movimiento están determinados por los factores específicos del entorno. El movimiento browniano demuestra que, aunque es importante visualizar el conjunto, debemos observar los acontecimientos a menor escala para comprender el cómo y el porqué de los cambios que se producen. Esto también se aplica a las decisiones de nuestra vida, el movimiento de la multitud o la evolución de una economía. Lo que ocurre en el nivel más pequeño imaginable, cuando se suma, supone una gran diferencia en el panorama general.

Esta teoría —que desempeña un papel importante en la existencia de lo que se conoce como átomos y moléculas— la inspiró el científico escocés Robert Brown, que trataba de explicar el movimiento del polen a través de la superficie de un lago aparentemente en calma. Esta cuestión se remonta al filósofo romano Lucrecio, que escribió sobre el modo en que las partículas de polvo se mueven a través de la luz dos milenios antes de que me cautivaran a los cinco años de edad.

Pero, aunque el movimiento browniano explica el movimiento impredecible —de hecho, el progreso de cada partícula se conoce como camino aleatorio—, eso no es todo. A nivel microscópico, cada partícula va por libre, empujada de un lado para otro por las moléculas de líquido o de gas que la rodea. Sin embargo, si cambiamos de perspectiva y nos trasladamos al nivel macroscópico —al conjunto—, veremos algo diferente. Al ampliar el enfoque, la aleatoriedad empieza a dar paso a un patrón. Las colisiones entre moléculas son imprevisibles, pero su efecto global no lo es. Mediante el movimiento browniano, las partículas en cuestión se dispersan de manera uniforme a través del

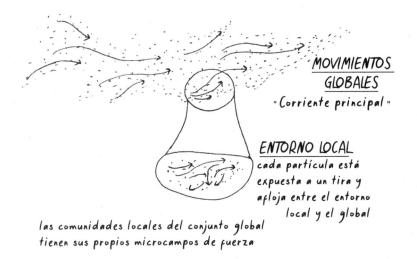

MOVIMIENTOS
GLOBALES
"Corriente principal"

ENTORNO LOCAL
cada partícula está
expuesta a un tira y
afloja entre el entorno
local y el global

las comunidades locales del conjunto global
tienen sus propios microcampos de fuerza

fluido que las rodea. Esto se hace visible a través de la difusión, a partir de la cual las partículas pasan de zonas de alta concentración a otras de baja concentración, hasta que quedan distribuidas de manera uniforme (por eso nos llega el olor de algo que se esté cocinando al otro lado de la casa, aunque el aroma provenga del horno).

Al igual que el polen o el polvo, los individuos seguimos un camino impredecible, condicionado por cómo interactuamos con el entorno. Pero cuando todos estos caminos se muestran en su conjunto (gracias a una práctica técnica conocida como escalado multidimensional), la dirección del recorrido se pone de manifiesto y nos permite ver los sucesos en su conjunto.

Darme cuenta de esto me permitió adoptar una fórmula para desplazarme por el centro y las calles más concurridas de la ciudad. Gracias a la segunda ley de Newton (fuerza = masa x aceleración) podía calcular la ruta más transitada siempre y cuando conociera las proporciones relativas de los diferentes elementos —personas— y algo de contexto, como la hora del día y el lugar al que se dirigía la mayoría. Así, el centro de la ciudad en sábado, con innumerables átomos enormes que iban a ver un partido de rugby, era muy diferente al centro durante el horario escolar, que tiene sus propias peculiaridades moleculares. Cada entorno lo creaban las diferentes moléculas implicadas, su movimiento y sus interacciones: lo mismo puede estudiarse a nivel de dinámica molecular, la ciencia que explica el modo en que las moléculas se mueven a través de un campo de fuerza a lo largo del tiempo.

Utilicé la ley de Newton para ayudarme a determinar una fórmula que determinara el movimiento de la gente y así poder decidir a qué sitios iba normalmente y a qué horas. De hecho, en parte por eso siempre he querido ser físicamente más pequeña, de manera que mi propia masa tuviera la menor incidencia en el experimento global (el efecto del observador, que busca minimizar el error humano o la influencia de la observación en el comportamiento natural de la muestra).

Al comprender y dar forma a los comportamientos consensuados, conseguí contrarrestar de forma gradual parte del miedo innato que sentía hacia las multitudes, gracias a una sensación de certeza con respecto a su comportamiento. Mi ansiedad comenzó a dar paso a oleadas de euforia que me liberaban de la cadena de ataques que solían asaltarme cada vez que salía a la calle. Tenía una hoja de ruta para controlar una situación que antes me hundía en una crisis de manera habitual. El movimiento browniano me había convencido de que era lo bastante seguro. Podía trazar mi propia ruta.

Multitudes e individualidad

Aunque el estudio de las multitudes me enseñó cosas sobre la conformidad, fue aún más importante lo que me enseñó acerca de la individualidad. Los sistemas de modelización pueden demostrar la existencia de comportamientos consensuados, pero de eso no se deduce en absoluto que los seres humanos seamos homogéneos. De hecho, una de las creencias humanas más irracionales es que existe una forma racional o normal de hacer las cosas. Cuando tienes TEA, no tardas en darte cuenta de que la gente que se aferra a lo «normal» suele esconder algún miedo o prejuicio.

Al observar la multitud desde otra perspectiva se demuestra que, al igual que hay pautas de comportamiento individual, existe un nivel significativo de divergencia dentro del consenso.

Aquí es donde la teoría ergódica nos puede ayudar, ya que es una idea matemática utilizada para estudiar sistemas dinámicos a lo largo de un periodo de tiempo. Sostiene que cualquier muestra de un sistema concreto que sea estadísticamente significativa presentará las propiedades medias del conjunto, ya que cualquiera de estos microestados, a nivel teórico, es tan probable como cualquier otro que se produzca en otro lugar. Un estado diferente, en algún otro lugar del sistema no es más o menos probable que el que se está observando actualmente. En otras palabras, mi «normalidad» es igual de representativa que la tuya, dentro de un proceso estocástico (aleatorio) de una escala adecuada, si se observa durante el tiempo suficiente. Retomemos el ejemplo de las nubes de polvo que me fascinaban. Cualquier partícula individual es, en realidad, un microcosmos representativo de todo el sistema, que muestra un comportamiento medio tanto en su conformidad como en su aleatoriedad. No resulta extraño que una partícula pueda ser un caso aparte o forme parte del grupo principal durante toda la vida del sistema. Su rango de movimiento siempre será representativo del conjunto, si seguimos su comportamiento de forma completa a través del espacio y el tiempo. Del mismo modo, toda persona a la que se haya tachado de rara es, en cierto modo, típica: representativa de una comunidad que quizá nunca se ha conocido. Es la pequeñez de nuestros mundos individuales y sociales la que oculta esto: nos convence de que estamos viendo todo el sistema cuando en realidad solo vemos un pequeño subconjunto que nos lleva a extraer conclusiones erróneas sobre el comportamiento medio y lo que es la «normalidad».

Dentro de la teoría ergódica hay múltiples ramas que estudian qué sistemas cumplen la norma. Sin embargo, lo que debemos comprender es que cualquier muestra lo suficientemente amplia de gente en el metro, que cruza la carretera, o coloca su toalla en la playa será indicativa del comportamiento medio de otras personas del mismo sistema en otro punto temporal.

Dale una vuelta a esto y luego piensa en los individuos de tu muestra. Habrá gente de todas las formas y tamaños, razas y géneros, neurotípicos y neurodivergentes, en diferentes condiciones de salud mental y física. Este promedio nos incluye a todos, en toda nuestra extraña y maravillosa diversidad. Quizá pienses que estoy loca (muchos lo piensan), pero soy una parte de la muestra tan significativa como tú. El sistema completo, moviéndose en su dirección consensuada, contiene un gran número de diferencias entre sus individuos. Nuestras diferencias son fuertes y características, incluso aunque intentemos hacer lo mismo y escondamos nuestros comportamientos divergentes en una media general. En tanto que muestra del comportamiento humano, la multitud es paradójica por partida doble. Desde la distancia, vemos un bloque homogéneo y tendemos a pasar por alto a los individuos que componen el conjunto. Mientras que, de cerca, entre el ruido y el calor de la propia multitud, solo vemos a sus componentes individuales y perdemos la perspectiva del movimiento colectivo que generan. Resulta muy fácil extraer conclusiones erróneas: ver la diferencia como un problema en lugar de una contribución, y asumir que el comportamiento de consenso debe triunfar sobre la individualidad, cuando en realidad depende de ella.

Aprender sobre ergodicidad me ayudó a darme cuenta de que la obsesión humana con los estereotipos es uno de nuestros rasgos más dañinos. Nos apresuramos a encasillar a las personas en diferentes categorías a las que asignamos hipótesis y expectativas concretas, que a menudo son negativas. Y después usamos estas categorías artificiales para demonizar a la gente, haciendo hincapié en la diferencia como un arma social y cultural. La teoría ergódica nos recuerda que hay una categoría a la que todos pertenecemos: la raza humana. Dentro de esta amplia categoría deberían considerarse nuestras similitudes y diferencias, respetando el delicado equilibrio entre consenso e individualidad, que es la esencia del ser humano. Abordarlo de cualquier otra manera es irrespetuoso tanto con la ciencia como con las personas.

Es muy fácil extraer las lecciones equivocadas, las que propician la división y la discriminación, y muy importante que difundamos las correctas. Debemos comprender que la suma de nuestras individualidades es la que nos convierte en un conjunto, y que un consenso general depende de que la gente rompa las reglas, además de seguirlas. Necesitamos personas que se salgan de la norma para explorar ideas y lugares a los que nadie ha llegado. El pensamiento general se marchitará si no cuenta con valores atípicos que lo actualicen, desafíen y amplíen el consenso general. Todo el mundo desempeña un papel (incluso los hípsters).

Aceptar la diversidad de esta manera ha sido esencial para la supervivencia del ser humano a lo largo de siglos de evolución. Lo mismo ocurre con nuestros cuerpos, donde las células cancerígenas confían en sus valores mutacionales atípicos para acelerar el proceso: son las ramas periféricas —subclones— las que hacen que el cáncer sea tan difícil de tratar, ya que le permiten adaptarse a diferentes situaciones y responder de forma dinámica a los ataques. La diversidad estructural del cáncer es lo que le proporciona opciones, y lo mismo ocurre con la humanidad. Los valores atípicos nos dan la capacidad de evolucionar y evitar la pasividad del efecto espectador, donde todo el mundo imita a los demás y nadie ayuda a quien lo necesita.

La ergodicidad es muy importante para mí. Dado que crecí sintiéndome como una isla, me llevó mucho tiempo vislumbrar el resto de costas que me rodeaban, y tender puentes que conectaran con ellas. He tenido que modelar las dinámicas de las multitudes de mi vida desde cero, ajena a los matices sociales e «ismos» que la mayoría de la gente utiliza para elegir su camino. Sin embargo, cuando la física y la probabilidad me mostraron que incluso yo —con todas mis rarezas— tenía que ser parte del conjunto, aprendí a valorarme desde otro punto de vista. Sé que estoy conectada al conjunto y formo parte del sistema más poderoso y hermoso del mundo, el que nos permite cumplir el propósito evolutivo de la especie: seguir vivos.

Como no estoy diseñada para conectar con otras personas, eso me ha permitido, desarrollar vínculos de empatía con mis amigos y mi familia. Porque ahora comprendo que todas mis experiencias extremas —mi salud mental, mi sensación de aislamiento y diferencia, y los prejuicios de mis compañeros— no son una barrera entre los demás y yo, sino catalizadores que me permiten establecer una conexión: un agujero de gusano entre diferentes galaxias, la mía y las del resto. Mi empatía con la gente en situaciones difíciles es una orden de magnitud mayor, por todo lo que he pasado, y también los consejos que puedo ofrecer gracias a esas experiencias. Sé lo que he vivido y eso me conecta con las personas de mi vida que pasan por dificultades. Puedo ponerme, literalmente, en su lugar. Puedes preguntárselo a cualquier persona neurodivergente o a quien conviva con una enfermedad mental: la resistencia infinita y la adaptabilidad innata son nuestros rasgos característicos. El TEA y el TDAH son mis especialidades, tanto como mi doctorado.

La empatía debe ser un acto de equilibrio, ya que, si damos demasiado, nos arriesgamos a sacrificar nuestros propios esfuerzos en pos de las necesidades de los demás. Habrá quien quiera hacerte sentir egoísta cuando solo intentas proteger tu tiempo y prioridades. Tal vez quiera construir un puente desde mi isla, pero eso no significa que todo el mundo pueda cruzarlo cuando le apetezca. Dicho esto, desde que comencé a sentir empatía, prácticamente se ha convertido en una droga para mí; algo a lo que no tuve acceso durante mucho tiempo y sobre lo que ahora me abalanzo a la mínima oportunidad, como alguien que ha pasado años sin ver la luz o probar la comida. Durante años, he anhelado la conexión humana para demostrar que tenía mucho amor que dar, y que aquellos como yo —a los que algunos consideran locos o fuera de la norma— en realidad son de las mejores personas que conocerás, ya que nunca te juzgarán. Yo concibo la empatía como una euforia dolorosa, ya que a veces duele intensamente, pero también es algo que ningún otro sentimiento o experiencia puede replicar.

Así que, cuando el teléfono suena a las 10.55 de la noche, hora a la que suelo estar en la cama, luchando con mis demonios para dormir y repasando mis planes para el día siguiente, me apresuro a contestar. Salgo de mi zona de confort porque sé que el mundo de una amiga se está desmoronando y, como he vivido la misma experiencia varias veces, puedo ayudarla. Y durante las próximas dos o tres horas, oigo cómo el peso que la oprimía se va aligerando. Y esto, para mí, es la mejor sensación del mundo. Cada experiencia dolorosa que he vivido se convierte en un valioso tesoro, una divisa de empatía, algo que me conecta con otras personas para quienes lo que yo he aprendido resulta útil. Las cosas que una vez consideré diferencias irreconciliables con la humanidad ahora se convierten en los medios para tender puentes entre nuestras islas.

La ergodicidad es la teoría matemática para todos los que alguna vez se han sentido solos, diferentes, aislados o marginados. La estadística demuestra que tu individualidad es importante, tanto como la de cualquiera. Es parte de la extraña y maravillosa diversidad necesaria para la evolución de la humanidad y la supervivencia de la especie. Literalmente, cuenta.

A lo largo de nuestras vidas, la individualidad y la conformidad ejercen fuerzas iguales y a veces opuestas sobre nosotros. El deseo de destacar y la necesidad de pertenencia coexisten como deseos paralelos en todos nosotros. Somos individuos que solo pueden sobrevivir y prosperar en el contexto colectivo.

Todo cuanto he estudiado sobre las multitudes a lo largo de veinte años me ha llevado a una conclusión clara. Se trata de una dualidad que debemos aceptar en lugar de combatir. Nunca habrá un claro vencedor en la lucha por el equilibrio entre el yo y el nosotros. Ambos tienen un papel esencial en nuestras vidas, y ambos deben respetarse. Los dos tienen algo importante que ofrecernos.

Es más, ninguno va a desaparecer. Nuestra personalidad y carácter individual siempre nos acompañarán, por mucho que tratemos de alterarlos. Al mismo tiempo, aislarnos como individuos no hará que el mundo desaparezca. Por mucho que intentes vivir en tu isla privada, la vida completamente independiente no existe. Tenemos necesidades emocionales y prácticas que solo pueden satisfacerse accediendo al colectivo. En algún momento, incluso los que aceptamos la soledad debemos abandonar nuestra costa o de lo contrario nunca tendremos nada con lo que comparar nuestros esfuerzos solitarios. (Y, aunque no te guste el trayecto, seguramente disfrutes del destino).

De niña, este era mi mayor temor. Mi madre solía decir que salir conmigo a la calle era como un número de circo, ya que me contorsionaba para evitar el contacto, los sonidos, ruidos y olores que me asustaban. Pero, aunque las multitudes siguen provocándome ansiedad y miedo, estudiarlas ha sido uno de mis experimentos más importantes y beneficiosos. Me ha ayudado a reconocer que la individualidad no lo es todo, ni tampoco algo que deba negar o de lo que deba avergonzarme. Puedo seguir siendo yo misma y respetar mi personalidad, al tiempo que formo parte de un mundo más amplio del que me beneficio y al que contribuyo. Participar en el colectivo no me impide ser yo misma; de hecho, el mundo se beneficia de lo que soy, de mis experiencias y de lo que puedo ofrecer. Un poco de conformidad no me resta individualidad, sino que le aporta profundidad.

Mi intento de analizar las multitudes surgió de la necesidad de lidiar con grandes grupos de personas. Pero en el proceso comprendí que puedo hacer algo más que sobrevivir entre el resto de la gente. También puedo conectar y ofrecer algo único. Y lo mismo nos sucede a todos.

7. Cómo alcanzar tus metas

Física cuántica, análisis de redes y fijación de objetivos

Era la primera vez que me rompían el corazón. Tenía ocho años y con él tuve la mayor conexión que había sentido jamás, aparte de con los fideos fritos de mi padre. Tal vez lo recuerdes, ya que era muy conocido en el ámbito científico. Me refiero a Stephen Hawking.

Sería difícil exagerar mi adoración infantil por el mejor físico de todos los tiempos. Desde mi forma de comer hasta mi manera de mirar por la ventana y sentarme en una silla eran un intento de parecerme a él. Incluso llegué a imitarlo cuando tuvimos que elegir a nuestro héroe en la clase de teatro. Ya he dicho que estaba muy obsesionada.

Pero entonces mi héroe me decepcionó, y me sentí confundida y enfadada. Estaba leyendo su libro más conocido, *Breve historia del tiempo,* concretamente el segundo capítulo, que trata sobre el espacio y el tiempo. En él explica la manera en que la concepción histórica del espacio y del tiempo como entidades fijas se transformó para considerarlas entidades dinámicas, que dan forma y están formadas por los objetos que pasan a través de ellas. Para entender el universo debemos visualizarlas como un conjunto de cuatro dimensiones: tres del espacio y una del tiempo.

Hawking utiliza la imagen de un cono de luz para ilustrar su concepto de «espaciotiempo», y demuestra que los sucesos del pasado y del futuro están conectados. Cuando la luz se emite, esta se esparce como las ondas de un estanque, creando las formas cónicas. Dado que nada puede viajar más rápido que la luz, cada acontecimiento que contribuya (pasado), o se derive (futuro) del momento presente debe, por tanto, estar ocurriendo dentro de estos conos: a la velocidad de la luz o dentro de ella.

Los acontecimientos que tienen lugar fuera de los conos están en otra parte: por lo tanto, no pueden cambiar el presente, ni ser cambiados por él. Para ilustrarlo, Hawking presenta un escenario en el que el sol desaparece repentinamente: esto no ha ocurrido en el cono de luz del pasado, y no afecta al presente porque la luz del sol tarda ocho minutos en alcanzarnos. Solo en este punto, a cierta distancia del cono de luz futuro, se cruza con nuestra realidad y la cambia: reconocemos el acontecimiento no cuando ocurre realmente, sino en el momento en que empieza a cruzar nuestra conciencia.

Cuando leí esto por primera vez, no sentí la habitual oleada de emoción de cuando descubría un nuevo concepto que podía explorar y usar. Estaba acostumbrada a que la ciencia iluminara mi mundo y me ayudase a explicarlo. En cambio, ahora me enfrentaba a la fría y gráfica realidad de una visión que chocaba con la mía. En el libro, el futuro era una entidad fija y cuantificable, esbozada con líneas sólidas, mientras que mi visión del futuro era de límites inestables, resultados interconectados y posibilidades adaptables. Esta incongruencia equivalía a darme cuenta de que la llave de casa ya no encaja en la cerradura. En lugar de sentirme reconfortada e intrigada, sentí que me faltaba el aire y que la

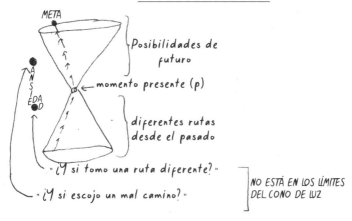

CONO DE LUZ DE HAWKING

ansiedad se apoderaba de mí. Era como si hubieran tirado por tierra mi visión del futuro. ¿Qué pasaba más allá de los límites del tiempo en este modelo? ¿Qué pasaba si acababa allí, fuera del cono y cegada más allá de la luz?

Fue un momento terrorífico, pero también estimulante. Me di cuenta de que no podía conseguir toda la ciencia que necesitaba a través de los libros y las teorías de otra gente. Para que el mundo tuviera sentido, debía usar mi perspectiva individual. A partir de ese momento comencé a escribir notas con mis propias palabras, combinando lo que aprendía con la realidad de mi experiencia. Aún no sabía qué utilidad podría tener, pero sentía que me ayudaba y era necesario. Esas notas se convirtieron en el libro que ahora tienes entre manos.

Y no podría haber empezado mi viaje con un tema más importante que este. Pensar en cómo el pasado nos da forma, cómo experimentamos el presente y cómo podemos dar forma a nuestro futuro, es fundamental.

Todos buscamos la manera de aprender a partir de las cosas que nos pasan e influir en lo que podría suceder a continuación. Queremos certezas, pero también oportunidades: para sentirnos seguros sobre el futuro, pero también inspirados por sus posibilidades. Y, si bien hay cosas en las que no podemos influir, queremos conocer las que sí podemos cambiar. Queremos una mejor manera de fijar objetivos, hacer juicios de valor y ajustar nuestras prioridades. Necesitamos una forma de vivir en el momento, así como herramientas para hacer planes de futuro efectivos.

La buena noticia es que estas no solo son cuestiones que nos planteamos cuando no podemos dormir o cuando redactamos nuestros propósitos de Año Nuevo. La física teórica ha desbrozado mucho el terreno. Demuestra que hay formas de visualizar los acontecimientos de nuestra vida que pueden ayudarnos a trazar el camino hacia adelante y maximizar la posibilidad de conseguir el resultado deseado. Es más —me encantaría consolar a mi yo de ocho años—, estos son métodos que no se basan en el modelo binario ni en los sólidos límites de los conos de luz. Gracias a las ideas que expondré en este capítulo —análisis de redes, topología y el gradiente descendiente— todos podemos usar métodos para planificar nuestras vidas y fijar objetivos que sean tan flexibles y cambiantes como nosotros.

La gran pregunta: ¿ahora o después?

Cuando se trata de hacer planes y fijar objetivos, puede que la mejor pregunta sea en qué centrarnos. ¿Debemos centrarnos en el presente o en el futuro? ¿Queremos la gratificación presente o el placer posterior? ¿La constante planificación, a largo plazo, anula la habilidad de disfrutar del aquí y el ahora; o, por el contrario, centrarse en el presente supone no estar preparado para lo que pueda venir? ¿Es posible tenerlo todo: una vida plena en el presente y un futuro perfectamente planeado? Si alguna vez te ha preocupado darle demasiadas vueltas a este dilema, la mecánica cuántica —el estudio de las partículas subatómicas, las más pequeñas que se conocen, y una rama de la física teórica— está aquí para tranquilizarte. El principio de incertidumbre de Heisenberg explica que cuanta mayor certeza se busca a la hora de determinar la posición de una partícula, menos se conoce su momento lineal. Y lo mismo ocurre al revés. En otras palabras, la física nos demuestra que no podemos determinar la posición y la velocidad del movimiento con exactitud al mismo tiempo. Cuanto más nos centremos en una de estas variables, menos precisión obtendremos en la otra.

¿Te suena? Puede que Heisenberg hablara sobre partículas cuánticas, pero su principio también es aplicable a nivel macroscópico a nuestras vidas cotidianas. Al igual que los equipos de medición de precisión, que tienen sus limitaciones, nuestra capacidad de concentración y priorización también es limitada. No puedes ser el anfitrión perfecto si quieres disfrutar de la fiesta: o piensas en ello o lo experimentas, o te lo pasas bien o te preocupas de si los demás lo hacen. Una cosa impide hacer la otra. Especialmente si, como yo, has tenido que buscar en Google: «cómo pasarlo bien».

Este es el dilema de la vida adulta, en la que somos conscientes de dos necesidades contradictorias: vivir el momento y planificar el futuro. El deseo de hacer ambas cosas a la vez anula la capacidad de llevar a cabo correctamente ninguna de las dos. O nos alejamos del placer preocupados por lo que vendrá, o nos lo pasamos tan bien que nunca llegamos a planificar el futuro. Incluso para alguien como yo, que disfruta adoptando un enfoque de la vida basado en la información y la investigación, hay momentos en los que solo quiero desaprenderlo todo y volver a ser una niña que disfruta feliz e ignorante del mundo, y con la capacidad de vivir el momento.

Junto con mi faceta de diligente investigadora, existe una parte de mí que ansía volver a las vacaciones familiares en Cornualles, la época de mi vida en la que me sentí más libre y despreocupadamente viva. Incluso el viaje en coche para llegar hasta allí era todo un evento. Tras tres horas de coche, dos paquetes de patatas y quince juegos de «Veo, veo», por fin llegamos al punto más esperado: la frontera entre Devon a Cornualles, un momento marcado por los gritos de emoción de la parte trasera del coche, mientras mi padre conducía a través del puente de Tamar. «Entramos en Cornualles... ¡AHORA!». Con la frontera a nuestras espaldas, no había nada que nos impidiera disfrutar de una semana de empanadillas de Cornualles, pesca en las lagunas y excursiones a Padstow.

Son de los momentos más felices y nítidos en mi memoria, un tiempo y espacio en que sabía disfrutar sin límites. Cocinábamos pescado con mi padre, jugábamos en el jardín, hicimos tantos castillos de arena como quisimos, y me senté en «el peñón de Millie» en la playa de Looe con mi colorido bañador. A los siete años mis aficiones eran la tela de cuadros, recrear escenas de películas con la vajilla Blue Denmark de mi madre e imaginar mi futuro con mi amado: Stephen Hawking, por supuesto. El color, el sabor y el olor de cada recuerdo permanecen en mi mente veinte años después. Fue una época en la que hacía lo que quería y ni se me ocurría pensar en los demás. Qué buena vida.

Esta mezcla de pasatiempos podía ser aleatoria, y parecía dispersa, pero todos ellos forman parte del cono de luz del pasado que me ha traído a este punto: un cúmulo de experiencias que componen mis intereses, mi identidad y mi individualidad, Me recuerdan a una época en la que el miedo a perderme y las preocupaciones sobre lo que pasaría después ni siquiera cruzaban mi mente.

Cuando somos niños vemos el tiempo como algo infinito, e incluso aburrido, que debe llenarse con cualquier cosa divertida, colorida e interesante. En la edad adulta, el tiempo se estrecha y se convierte en una divisa: algo que debe medirse, fraccionarse y guardarse con celo. Cuando hacía la carrera, nunca tenía tiempo para relajarme. Había exámenes finales que preparar, y después de estos, plazos para solicitudes y un futuro que planear. Mi vida parece haberse convertido en una infinita lista de tareas que me deja poco tiempo y sin más opción que abordar el siguiente punto de la lista. En ese contexto, buscar un momento presente para existir y disfrutar me parecía inmoral, aunque podría haberlo conseguido. Durante esos meses vivía en piloto automático, insensible a las emociones, y me privaba de la exploración y la diversión que mi niña interior ansiaba. Los recuerdos de las playas de Cornualles se veían interrumpidos por una voz que me instaba a centrarme en los estudios y en la siguiente unidad de tiempo planificada, incluidas las que había asignado a la relajación. Aunque tratara de escapar, la voz seguía ordenándome que volviera a la biblioteca científico-médica y a los pasillos con aire acondicionado y luz artificial, lejos de las lagunas.

En mi afán por conseguir el equilibrio adecuado, me inspiré en otra rama de la mecánica cuántica: el estudio del movimiento de las ondas a través del espacio y del tiempo. Esto presenta un clásico problema de Heisenberg: o determinamos la forma en que se mueve una onda o su posición en un momento determinado, porque si intentamos determinar ambas cosas no conseguiremos ninguna. Para evitar este problema, creamos lo que se llaman paquetes de ondas, que permiten agrupar y visualizar muchas ondas diferentes con el fin de estudiar su comportamiento global. Una sola onda es difícil de ubicar, mientras que un «paquete» puede analizarse de manera más efectiva. La fijación de objetivos y la planificación del futuro no es demasiado diferente: de forma aislada, resulta difícil determinar si una decisión u objetivo es el correcto. Se necesita el «paquete» completo —la imagen completa y su contexto—para comprender cuál es la opción más acertada, no solo con respecto al momento inmediato, sino a nuestra mejor impresión de cómo afectará al futuro en su conjunto.

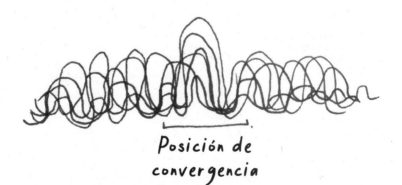

Posición de convergencia

Para crear estos paquetes virtuales de ondas, debemos alcanzar otro equilibrio entre dos maneras de pensar acerca de nuestras vidas. Está el pensamiento de momento, según el cual vivimos a través del tiempo, pasando de una cosa a otra, y donde la felicidad estará definida por lo que conseguimos y planeamos hacer (el mundo adulto de la responsabilidad). Y también está el pensamiento de posición, según el cual vivimos el ahora, el momento presente y la sensación que ofrece, bloqueando todo lo demás, incluido el sentimiento de culpa, y simplemente existiendo. Esto resulta bastante duro, ya que va en contra de la idea que nos han inculcado de un «adulto funcional». Pero también es vital. Quedarse quieto no significa que nos hayamos detenido. En lugar de eso, nos permite ser más creativos, replantearnos nuestros progresos, vivir a través de las fuerzas de nuestros sentidos y explorar más posibilidades para el futuro.

Aceptar el pensamiento de posición se hace más complicado con la edad, pero es posible. Para mí, los mejores

PENSAMIENTO DE POSICIÓN

" para lo que vivimos "

momentos son en clase de yoga, cuando no hay ruido, nada en lo que concentrarse salvo la postura, y la oportunidad de dejar que todos los pensamientos y preocupaciones se disipen, creando un valioso espacio mental. Al final de la clase, cuando adoptamos la postura shavasana (cadáver), estoy demasiado cansada como para que me invadan otros pensamientos. A menudo termino echando una cabezada en la esterilla de yoga. Sin embargo, este raro momento de felicidad no es gratuito. A la mañana siguiente siempre me siento triste: los pensamientos y preocupaciones sobre el futuro vuelven a arrebatarme la armonía, incluso con más violencia que antes, a veces hasta el punto de castigarme, ya sea mediante la restricción de alimentos o la cancelación de eventos sociales para hacer algo «constructivo». Me convierto en una verdadera cretina, y soy mi principal víctima.

Necesitaba encontrar la forma de romper con el ciclo de pensamientos, las preocupaciones acerca del futuro y qué pasaría después que impregnaran casi cada aspecto de mi vida y me privaran de la felicidad del presente. Quería recuperar mi habilidad para vivir el momento, sin tener que sacrificar mi infinita necesidad de claridad con respecto al futuro. Entonces hice un experimento que comenzó con una buena ración de tortitas, justo antes de la cuaresma, en 2013: un momento socialmente aceptable para implementar un cambio. Mis cuarenta días y cuarenta noches se dividirían en dos secciones: la mitad de ellos los pasaría en el mundo del pensamiento de momento y sería extremadamente rigurosa con la lista de tareas y prioridades; y en la segunda mitad seguiría la filosofía del pensamiento de posición, disfrutaría de cada momento y no dedicaría ni un pensamiento al futuro.

MOMENTO → 1
UBICACIÓN / POSICIÓN

PENSAMIENTO DE MOMENTO

" lo que planeamos "

⟩ velocidad de longitud
de onda única

A estas alturas, ya me conoces lo suficiente como para adivinar que esto fue un desastre (otro de los importantísimos experimentos fallidos que me han convertido en la persona que soy). No podía evitar que el pensamiento de lo que me estaba perdiendo —placer presente o claridad futura— interrumpiera el experimento. Era la anfitriona de la fiesta, pero no podía dejar de pensar en los platos del día siguiente. Fui víctima de otro principio de la mecánica cuántica, el efecto observador: por el mero hecho de observar un proceso, influyes en él y lo cambias de forma inherente. El ejemplo clásico es que, para observar un electrón con el microscopio, te basas en proyecciones de fotones que cambiarán su curso. Observar mi propio experimento, por definición, sesgaba su resultado. Estaba demasiado ocupada pensando en lo que no estaba haciendo para disfrutar de lo que sí hacía.

Desde el fracaso de mi experimento, he conseguido cierto equilibrio entre la posición y el momento, presente y futuro. En diferentes puntos de un día normal voy pasando de uno a otro en un intento de utilizar el más adecuado para cada momento concreto. Combato mi TDAH —que lo quiere todo ahora y no tiene una concepción clara del tiempo— para tratar de gestionar el baile entre vivir el ahora y planificar el futuro. Conocer el principio de incertidumbre resulta de gran ayuda para conseguir el equilibrio adecuado. Como descubrí, es imposible separar ambas visiones de la vida, pero el mero hecho de aceptar su incompatibilidad es liberador. Nos ayuda a preocuparnos menos por lo que no hacemos y a ser conscientes de que ya tendremos tiempo y que no deberíamos sentirnos culpables por pasar una tarde tomando el sol (o quedarnos en casa mientras los demás se divierten).

Pero no basta con ser consciente de la diferencia entre vivir el momento, planificar el futuro y tratar de compaginar ambas mentalidades. También necesitamos un mecanismo para visualizar cómo se conectan el presente y el futuro, y nos dan opciones claras sobre cómo fijar objetivos y tranquilidad sobre el ritmo que llevamos. Aquí es donde entra el análisis de redes, uno de mis más fieles aliados.

Análisis de redes y topología

Desde que leí *Breve historia del tiempo,* he buscado un modelo predictivo que encaje mejor con mis necesidades que los límites fijos de los conos de luz. Estaba atrapada en la clásica contradicción humana entre la necesidad de certeza y la frustración de los límites. Aparte de no saber lo que pasará después, nada me asusta tanto como que se me impongan límites. Necesito flexibilidad para convertir esas líneas gruesas y rectas en otras menos definidas para moverme según mis necesidades.

Me hacía falta un método de planificación que contemplase tanto mi necesidad de infinita preparación, hasta el punto de pasarme cinco horas preparándome antes de salir de casa, como mi tendencia a perder horas de cuidadosa reflexión en un arranque de impaciencia; un bloqueo que hace que el día pase de ser un agradable paseo a una escarpada montaña. Mi conflicto de Heisenberg para conciliar el presente y el futuro se agudiza por la distorsión del tiempo del TDAH, que pisa a fondo el acelerador mental. Para hacer frente a todo esto, el análisis de redes fue mi salvación. Se trata de un concepto muy claro: el estudio de cómo representamos los objetos conectados mediante gráficos para visualizar la red que crean colectivamente y aprender lo que esas conexiones pueden enseñarnos. Es lo que nos permite analizar sistemas complejos, interrelacionados y dinámicos mediante el uso de las técnicas de la teoría de gráficos.

Una red es una serie de objetos o personas que están conectados. Tú, tus amigos y vecinos estáis conectados por una serie de redes sociales. El metro de Londres es una red de paradas conectadas por diferentes líneas. El circuito eléctrico de tu tostadora también son redes. El móvil que tienes al lado probablemente también forme parte de una red ahora mismo, conectada al Wi-Fi y parte de una WLAN *(wireless local area network).** Internet es una red gigantesca de ordenadores conectados tanto física como inalámbricamente y que mueve una gran cantidad de información.

Las redes están por todas partes, pueden ser físicas o digitales, sociales o científicas. Son las estructuras tangibles e intangibles que lo afectan todo, desde cómo forjamos una carrera durante décadas, a cómo conectarnos a internet en la actualidad.

* Red de área local inalámbrica.

También proporcionan el mecanismo ideal para visualizar y planificar nuestra vida, a corto y largo plazo. Todos nos vemos afectados por tantas cosas diferentes, empujados en tantas direcciones diferentes, que necesitamos un modelo más complejo, iterativo y flexible que una lista de tareas para llevar a cabo nuestros planes de futuro. Esto es lo que nos proporciona el análisis de redes, especialmente cuando se trata de topología: la forma en que los distintos componentes (nodos) de una red se conectan entre sí y la estructura que forman. La topología es lo que convierte las líneas inflexibles y rectas de los conos en una red de posibilidades cambiante: pone en primer plano algunas que permanecían ocultas y alivia mi ansiedad. Nos permite reconocer que la lógica que antes resultaba de ayuda ya no es válida o que una idea que ha estado germinando está lista para florecer.

La naturaleza de la topología es crucial. Si te doy seis botones para que formes con ellos un patrón, podrías ponerlos en línea, en círculo, o en forma de V. Esta topología determina cómo funcionará la red: sus capacidades y limitaciones. Cuando tomamos decisiones y establecemos prioridades en nuestras vidas, hacemos lo mismo: organizar las pruebas y opciones disponibles en pautas que determinarán los resultados a corto y largo plazo.

Pensar en nuestra vida futura como una gran red —donde los nodos serían las personas, esperanzas, miedos y metas que conforman nuestra vida— es el mejor método que he encontrado para hacer planes que no sean ni demasiado simplistas ni excesivamente restrictivos. Es un método útil porque es dinámico, capaz de adaptarse a las circunstancias. Es clarificador, ya que ayuda a entender qué es verdaderamente importante y qué no. Y se centra en la conectividad, lo que nos permite visualizar qué cosas están conectadas, qué nodos ejercen influencias o las reciben y hacia dónde puede llevar un camino determinado.

Una red nos permite pensar como nos muestra Hawking —en un contexto tanto espacial como temporal—, sin vernos restringidos por las líneas de los conos de luz. Nos ayuda a abrirnos camino en la proximidad y en la distancia —entre personas, metas concretas, y etapas de la vida— a través del doble marco del espacio y el tiempo: qué necesitas que ocurra, cuándo, y dónde necesitas estar para que pase. Con el tiempo, he comprendido por qué existen las líneas del diagrama de Hawking: porque necesitamos direccionalidad para captar la señal a través del ruido y sobreponernos a la ansiedad de perder el rumbo; perdernos dentro de nuestra propia vida. Una red suaviza esas líneas, convirtiendo el cono fijo en una hoja que puede plegarse y enrollarse sobre sí misma con el tiempo, exponiendo sus diferentes partes a la luz. Nos proporciona estructura, un camino a seguir, así como maniobrabilidad.

Así que la próxima vez que vayas a planificar algo o te preocupes por lo que pueda pasar, cambia la lista de tareas por un diagrama de red. Trata cada persona o meta importante como si fuera un nodo, y estos establecieran conexiones entre sí: identifica quién puede ayudarte a conseguir ciertas metas. Trata de ser realista (relativamente) con el espacio de tu dibujo: ¿qué personas o metas están más juntas y cuáles distan entre sí? Esto es muy importante, ya que se trata de buscar las conexiones entre los diferentes nodos y el camino a seguir. En los puntos donde confluyen los distintos componentes de la red afloran las conexiones que no habíamos reconocido y se vislumbran los posibles caminos. Se trata de buscar núcleos en los que se agrupan más nodos y potenciales intersecciones; donde

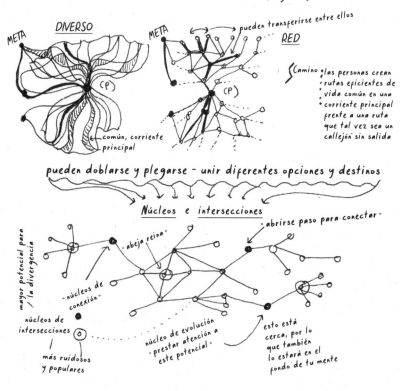

MI CONO DE LUZ – capta puntos de destino basados en el plegado y la conectividad

DIVERSO

META

(P)

común, corriente
principal

META

pueden transferirse entre ellos

RED

Camino: las personas crean
rutas eficientes de
vida común en una
corriente principal
frente a una ruta
que tal vez sea un
callejón sin salida

(P)

pueden doblarse y plegarse – unir diferentes opciones y destinos

Núcleos e intersecciones

mayor potencial para
/ la divergencia

"abeja reina"

"abrirse paso para conectar"

"núcleos de
conexión"

núcleos de
intersecciones

más ruidosos
y populares

núcleo de evolución
"prestar atención a
este potencial"

esto está
cerca, por lo
que también
lo estará en el
fondo de tu mente

conectan dos caminos y estos nos ayudan a trazar una ruta. También hay que pensar en establecer un orden de preferencia, como un código de colores para los objetivos. Un objetivo de alta prioridad, rodeado de múltiples nodos facilitadores, de pronto empieza a parecer deseable y alcanzable. De este modo, la red empieza a ilustrar lo que quieres, el orden de prioridad y lo que puedes hacer para alcanzar tus objetivos.

Como —a menos que seas Stephen Hawking— resulta extremadamente complicado pensar y dibujar en cuatro dimensiones, vale la pena crear diferentes redes para los distintos puntos temporales. Uno que muestre dónde estás ahora y dos más que se proyecten unos meses y, potencialmente, unos años en el futuro. También podrías crear otras para tus redes profesionales y sociales. Mi hermana Lydia y yo lo hacemos, y nos ayuda a perfeccionar nuestros planes. Somos las mejores compañeras para esto, porque ella es una perfeccionista a la que se le da muy bien detallar el futuro próximo, algo que yo encuentro aterrador, mientras que yo soy buena a la hora de planificar el futuro lejano, que a ella le cuesta integrar en su visión minuciosa. Yo la ayudo a pensar con más flexibilidad con respecto a sus metas a largo plazo, y ella me ayuda a tranquilizarme con respecto a lo que pasará mañana, y a qué ponerme. Porque, seamos sinceros, a mí no me importaría llevar lo mismo todos los días, hasta que hubiera que quemarlo. Ambas somos muy felices y expertas en nuestras perspectivas contrastadas: la de Liddy, en la que el *networking* se refiere al arte de estar bien conectado y conocer gente, y la mía, donde significa trazar nodos en un gráfico y establecer la probabilidad de varios resultados.

Durante nuestras conversaciones, a menudo me decía: «Quiero hacerlo todo». El miedo a perderse algo nos afecta a muchos. Rodeados por la sala de los espejos de las redes sociales, somos más conscientes que nunca de las fiestas a las que no nos han invitado, las metas que no hemos alcanzado, las montañas del *«gap yah»*[*] (año sabático) que no hemos escalado, y del sentimiento de que nuestras vidas y nuestro grupo de amigos nos ignoran. Siempre le digo que puede hacerlo todo, pero solo si ha

[*] Término que hace referencia a un *sketch* de Youtube que se hizo viral en 2010.

comprendido las conexiones de los nodos y su prioridad, y siempre basándonos únicamente en lo que ella quiere. Simplemente, no es posible hacerlo todo a la vez, aunque puedes hacer planes para conseguir lo que quieres. Con el tiempo, la tortuga bien conectada ganará a la frenética e inestable liebre.

Necesitamos esta habilidad para trazar un mapa del espacio y el tiempo —que arroje algo de luz sobre lo que necesitas que ocurra— para evitar tanto la abrumadora ansiedad por el presente como el constante miedo al futuro. Una lista de metas no nos ayuda por sí sola, ya que carece de contexto, de sentido de la interconexión y mecanismo de preferencias. Es útil para cuestiones unidimensionales, pero para la toma de decisiones se necesita una red que fije las metas a medida que superponemos y comparamos nuestra propia topología con la de nuestros amigos y colegas, preguntándonos acerca de las opciones y de la preocupación de quedarnos al margen. El análisis de redes no nos salva de este sentimiento de FOMO, pero al menos proporciona una dirección y un propósito capaces de evolucionar con el tiempo.

Una vez establecidas las redes, necesitamos comenzar a indagar en ellas para determinar, entre la gran masa de información y componentes, cuál es el camino viable. ¿Cómo identificar y desarrollar el plano óptimo para después reestructurar las partes móviles a medida que la situación evoluciona?

Para responder a esto quiero exponer otra técnica de aprendizaje automático y cómo nos puede ayudar a fijar el rumbo desde el presente, hasta lo que ocurra después.

El algoritmo de descenso del gradiente: encontrar tu camino

Una vez has esbozado tu red, ya puedes comenzar a observar las opciones a las que te enfrentas. Hay diferentes caminos, y no pasa nada si estás inseguro con respecto a cuál es el camino más corto para llegar a la meta. Por suerte, el aprendizaje automático, que es una rama de la inteligencia artificial, está ahí para ayudarnos. Las cuestiones de optimización —cómo encontrar el camino más rápido y eficiente— son el núcleo de la informática. Los algoritmos son muy eficaces a la hora de buscar en conjuntos de datos para descubrir cómo hacer las cosas de forma más rápida, eficiente y rentable. Podemos replicar sus técnicas para optimizar nuestros propios caminos vitales; después de todo, se basan en la lógica humana.

El algoritmo que se usa en el aprendizaje automático para responder a esta pregunta se llama descenso del gradiente. Se trata de un enfoque para optimizar un proceso y minimizar su función de coste (error). Es como si alguien intentara descolgarse desde una montaña para llegar al valle. El objetivo es llegar al punto más bajo (error mínimo) lo más rápido posible. Por tanto, el algoritmo, que no puede contemplar todos los caminos a la vez, está programado para explorar por gradiente: encuentra continuamente la bajada más pronunciada y revalúa la situación a cada paso. Siempre que encuentre el camino con el mayor gradiente negativo en general, llegará abajo con más rapidez. Al igual que las personas, los algoritmos de este tipo varían en su actitud y enfoque. Los hay codiciosos, que eligen la ruta más rápida e inmediata, como un político que trata de encajarlo todo en un periodo determinado de gobierno. Y los hay exploradores y pacientes, lo que permite que se prueben más rutas y soluciones. Esto último es lo que todavía estoy tratando de aprender: contrarrestar la avidez del TDAH para centrar toda mi atención en una sola cosa y olvidar todo lo demás (lo que explica por qué estoy escribiendo esto en la cama, en mitad de la noche, con el impermeable aún puesto).

El descenso del gradiente es una de las técnicas fundamentales del aprendizaje automático, y es un concepto que nos puede enseñar muchas cosas a medida que analizamos nuestras propias redes vitales. Lo primero es que no se puede contemplar el camino completo, ni siquiera una gran parte, de antemano. Se pueden conectar los nodos e identificar las agrupaciones, pero nuestra visión se acaba difuminando cuanto más nos alejamos del punto de partida hacia el futuro. Y eso está bien. Porque la segunda lección del descenso del gradiente es que tu contexto inmediato te dice todo lo que necesitas saber en el momento. Igual que el algoritmo prueba el gradiente para determinar su progreso, nosotros deberíamos juzgar el valor de un camino concreto según nuestra propia métrica. ¿Nos sentiremos más felices, satisfechos y decididos? No podemos predecir cómo funcionará en el futuro, pero sí comprobar la dirección del recorrido y tomar la que minimice la función de coste en nuestra vida, y desarrollar así nuestro sentido del valor y la finalidad cumpliendo los principales estratos de la pirámide de necesidades de Maslow, que establece que, una vez satisfechas las necesidades humanas más básicas, como la comida y el refugio, nuestra atención se desplaza hacia asuntos más pasajeros, como la capacidad de alcanzar los logros, ser respetado, resolver problemas y ser creativo.

Y si esta dirección se vuelve menos favorable —la pendiente disminuye y tienes menos impulso y te sientes estancado, bloqueado o simplemente no estás bien—, pues cámbiala. Un algoritmo de descenso del gradiente no tiene en cuenta nuestros sentimientos a la hora de valorar las opciones: no tiene problemas para retroceder si eso significa volver a tomar el camino más favorable para el descenso. Nosotros debemos hacer lo mismo. Tenemos que elegir y adaptar el camino de forma iterativa, cambiando el rumbo siempre que sintamos que nos alejamos de nuestros objetivos y nuestra felicidad, en lugar de acercarnos a ellos. Además, hay que aceptar que no existe el camino perfecto: solo existe el camino que tenemos la voluntad, el interés y la paciencia de descubrir y seguir. El camino definitivo siempre va a depender de otros factores, además de la perfección objetiva: por ejemplo, el tiempo del que dispongas para explorar opciones y lo perfeccionista que seas como persona.

El algoritmo de descenso del gradiente nos enseña a identificar un camino de manera experimental, a través de la prueba y el error, a evaluar y a responder constantemente a nuestro entorno, y no tener miedo de volver sobre nuestros pasos. Su última lección importante no tiene que ver con la dirección de esos pasos, sino con su longitud. Es un problema conocido como ritmo de aprendizaje. Para obtener los resultados más precisos, hay que programar un algoritmo que avance a pasos pequeños, para acumular las conclusiones poco a poco. Un mayor ritmo de aprendizaje supone un avance más rápido, pero como los pasos son menos precisos, puede que simplemente te pases y dejes atrás el punto más bajo. Ajustar el ritmo de aprendizaje de manera que se obtengan los mejores resultados, lo más rápido posible, es uno de los mayores retos del descenso del gradiente. Es algo que resulta especialmente difícil para las personas con TDAH, para las que el tiempo se deforma, el contexto se desdibuja y acabas tomando las decisiones más importantes de tu vida sentada en el cuarto de baño.

No hay una respuesta perfecta, ya que puede cambiar, al igual que no hay un camino óptimo para la vida. Todo es subjetivo, y solo se necesita encontrar el equilibrio entre la velocidad y la precisión. El camino perfecto no existe, ni en tu vida ni en la de nadie. A partir de la información disponible, tal y como queda representada en nuestra red, detectaremos la existencia de numerosas rutas potenciales. Mientras nos dejemos guiar por las pruebas y sigamos buscando la pendiente más pronunciada, encontraremos nuestro camino; de hecho, te animo a tomar muchos caminos. Solo asegúrate de que sean los que de verdad te motivan y que estás preparado para tomarlos.

Fijar y seguir nuestras metas vitales es una de las tareas más difíciles de nuestra existencia. Hay muchas consideraciones que plantear: ¿deberíamos seguir esta ambición o esta otra, optimizar a corto o largo plazo, hacer lo que nos hace felices o lo que creemos que es más importante? ¿Cómo creamos una visión del futuro que sea nuestra, y no esté deformada por la de los demás? (Una de las cosas más complicadas, aunque también más importantes, para una especie social y comunicativa es aprender que vivir según los valores de otra persona es como comer con su cuchara: nunca sabe bien).

Todo esto es suficiente para provocar un ataque de ansiedad, como ya debes de saber, por la parte que me toca.

Y no solo se trata de las grandes y aterradoras decisiones vitales. El año pasado, ni siquiera conseguí regalarle una tarjeta de felicitación a mi madre ya que, después de pasar por quince tiendas diferentes, no conseguí decidir cuál le gustaría más. La decisión me puso demasiado nerviosa y al final no elegí ninguna. Esto es un pensamiento divergente, una prueba de mi amor por ella que me dejó con las manos vacías y me cegó. ¿Debería haberme parado en la tienda número siete?

Sin embargo, estar preocupado con respecto al futuro —o «no saber» qué hacer— puede ser una fortaleza, en lugar de una debilidad. La física cuántica y el aprendizaje automático demuestran que la incertidumbre y la disposición a cambiar de rumbo son ventajas, no cargas. No estar seguros de nuestro progreso en la vida solo es una faceta de nuestra incapacidad innata de medir el momento y la posición de forma efectiva y paralela. La disposición para cambiar de rumbo es la mejor práctica del aprendizaje automático en la que el *«suck it and see»*[*] es clave.

Así que, si te preocupa no haber progresado lo suficiente en la vida o no saber qué vendrá después, deja que la ciencia te tranquilice. Esos miedos son naturales. Y la ansiedad es útil, ya que actúa como una lente que permite simular multitud de caminos potenciales diferentes. Yo siempre la he visto como un superordenador que me permite establecer vínculos y posibilidades a las que otros no llegan. Muchos me han dicho que no diga tonterías, o que no estoy en mis cabales, pero lo cierto es que no querría vivir sin mi ansiedad y la capacidad que esta me proporciona

---

[*] Canción del grupo británico Arctic Monkeys, que en este contexto podría traducirse como «prueba y error».

para analizar el panorama, así como la forma en que me impulsa a aprender más.

Fijar y perseguir nuestras metas puede ser intimidante, pero al igual que cualquier reto de escalada (un deporte que me encanta), solo es cuestión de tener el equipo adecuado y esforzarse lo suficiente. Heisenberg es nuestro seguro; el análisis de redes, nuestra cuerda; y el descenso del gradiente, nuestro rumbo.

Y recuerda, se trata de bajar la montaña, no de subirla.

8. Cómo tener empatía con los demás

Evolución, probabilidad y relaciones

«No seas ridícula, solo es un paraguas». Pero no lo era. Para mí, aquel pequeño objeto no era algo prescindible que pudiera reemplazar sin pestañear si me lo dejaba en una cafetería. Se trataba de mi seguridad, de mi coraza para superar el día; su pulcro y curvado mango era mi consuelo para enfrentarme a cualquier clima. El paraguas no solo me protegía de la lluvia, también evitaba que la gente se acercara demasiado a mí y me permitía apoyarme en las barandillas de las escaleras que no me atrevía a tocar. Allá donde fuera, venía conmigo, como una mascota y un guardián. Para mí era tan importante como un coche nuevo o un reloj heredado para otra persona. Dado que el concepto de dinero, aparte de ser un medio de supervivencia, no significa demasiado para mí, las cosas que valoro son unas pocas posesiones en las que confío como fieles compañeros. Mi paraguas era quizá la más importante de todas.

Y ahora estaba roto, y el chico con el que salía me decía que solo era un estúpido trozo de nailon y madera. No estaba preocupado; yo tenía ganas de llorar.

El paraguas roto podría haber supuesto nuestra propia ruptura. Amenazaba con ser ese momento que se produce en toda relación fallida, cuando queda claro que uno de los miembros de la pareja no respeta ni entiende algo que realmente importa al otro. Como humanos, a menudo nos falta empatía para ver el mundo desde la perspectiva del otro, lo que nos lleva a imponer nuestras opiniones. La distancia que separa a la persona con la que queremos y nos gustaría estar de la persona con la que realmente estamos se hace insalvable.

Ya he dicho que era más que un viejo paraguas estúpido. El chico enseguida se dio cuenta, así que aguantó más que mi pobre paraguas. Sin embargo, la escena fue un nuevo recordatorio de lo complicado que resulta compartir una vida con alguien cuando ambos vivís en mundos completamente diferentes.

Las relaciones, ya sean románticas o no, me cuestan, y me he esforzado mucho por entenderlas. Vivir en mi cabeza ya es bastante complicado sin tener que vivir en la de otra persona, intentando averiguar qué piensa, a qué se refiere y qué quiere. De hecho, tal vez te resulte extraño que hable de la importancia de la empatía, un asunto del que se supone que las personas con Asperger no tienen mucha idea. Si hay una frase que uno se cansa de escuchar es: «Intenta ponerte en su lugar». La cosa es que los autistas necesitamos toda la ayuda posible para sentir empatía y entender a los demás.

Pero si algo he aprendido es que la gente que predica la empatía no suele ser muy empática. Por mi parte, aunque puede que yo no comprenda por qué alguien piensa o se comporta de cierto modo, te aseguro que me esfuerzo por observar atentamente y entenderlo todo. La falta de empatía innata supone tener que esforzarme más para averiguar las intenciones y expectativas de la gente. Desde mi punto de vista, una relación es como una compleja ecuación mediante la cual hay que intentar adaptar nuestro comportamiento a las necesidades de otra persona. Se trata de empatía por observación, cálculo y experimentación. Aunque pueda parecer fácil, no lo es en absoluto. Tratar de comprender, prever y responder a los deseos de nuestros prójimos es uno de los trabajos más duros a los que nos enfrentamos. El trabajo detectivesco más serio que muchos de nosotros jamás llevará a cabo es esclarecer el significado de lo que sugiere el lenguaje corporal o una frase ambigua de un ser querido.

Para ello, necesitamos lo mejor que la ciencia puede ofrecernos en lo que a separar las señales del ruido se refiere, y así decidir cómo responder cuando los indicios resultan confusos. Todas las relaciones dependen de la habilidad para leer entre líneas, para así valorar cuándo se trata de algo importante incluso si alguien dice que no lo es, o cuándo algo podría no parecer importante, aunque sí lo sea. Para no equivocarnos, necesitamos afinar nuestra comprensión de la biología evolutiva, con el fin de reconocer de dónde provienen nuestras diferencias y la manera en que una relación entre personas evolucionará con el tiempo, al igual que nuestros cuerpos lo hicieron a partir de una única célula madre. Tenemos que aprovechar la teoría de la probabilidad para ayudarnos a decidir cuáles son pruebas relevantes y cuáles no. Y podemos beneficiarnos de la lógica difusa (sí, ese es el término técnico) como marco para valorar una decisión cuando no hay una respuesta clara (blanco o negro, sí o no) y para gestionar los inevitables conflictos que surgen en cualquier relación humana.

La empatía que necesitamos para construir y mantener las relaciones es algo que podemos encontrar si nos fijamos en los fundamentos de nuestro desarrollo como humanos, y a la inversa, adoptando algunas de las técnicas que se han diseñado para ayudar a las máquinas a funcionar en un mundo humano. Para que nuestras relaciones prosperen no solo debemos ser tan humanos como sea posible, sino también tan mecánicos como podamos: ser capaces de calcular y sopesar a la vez que sentir y comprender a los demás.

Cómo empezar: evolución celular

Tanto las fortalezas como las debilidades de las relaciones humanas están basadas en la diferencia. Todos estamos moldeados por nuestras diferencias genéticas, nuestra propia experiencia y las múltiples perspectivas de la vida. Sin embargo, a pesar de estos numerosos contrastes, todos empezamos igual: éramos un embrión de célula madre que se dividió infinitamente para crear la piel, los órganos, los huesos y la sangre que nos componen.

Las células madre son el máximo exponente de la maravilla evolutiva: entidades únicas capaces de dividirse y convertirse en cualquiera de las células necesarias para el funcionamiento del cuerpo humano (multi o pluripotentes, en términos más elegantes). Por ejemplo, todos los glóbulos de nuestro cuerpo proceden de una célula madre común, que emprende un proceso llamado hematopoyesis (una de mis palabras favoritas). Es algo que está ocurriendo en tu cuerpo en este momento, ya que cada día se repone el equilibrio adecuado de glóbulos rojos para transportar oxígeno y de glóbulos blancos que mantienen actualizado nuestro sistema inmunitario. Su capacidad para dividirse, volver a formarse y renovarse los convierte en los componentes esenciales de la especie humana, y en una parte importante de los tratamientos médicos relacionados con los trastornos de la sangre y del sistema inmunitario, ya que ayudan a reconstruir el cuerpo que ellas mismas crearon. La célula madre es la base de cada ser humano, y también es la lente perfecta a través de la que observar la empatía en las relaciones humanas. Al igual que una célula madre, cada relación comienza siendo un ente genérico y no especializado: dos personas que valoran si pueden gustarse mutuamente. Con el tiempo, mientras la célula se divide en infinitas células hijas con sus aplicaciones específicas, una relación también se vuelve más definida y compleja: una intrincada red de experiencias compartidas, comprensión, lenguaje y significado tácito. Al igual que la célula madre, nuestras relaciones se especializan y se diferencian con el tiempo, sometiéndose a más mitosis (divisiones) para satisfacer las nuevas necesidades a las que se enfrentan.

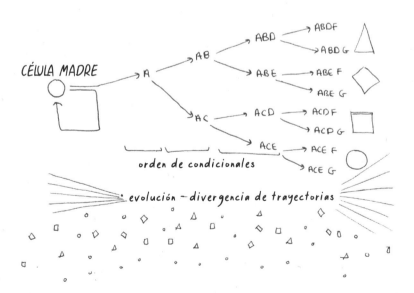

A medida que nos hacemos mayores, la repetición de este proceso comienza a pasar factura a nuestro cuerpo. Cada vez que una célula se somete a la mitosis, pierde un poco de lo que se conoce como telómero, la superficie protectora del cromosoma que cubre las hebras de ADN. En un proceso que a menudo se compara con el deshilachado gradual de un cordón, el telómero se acorta con cada división hasta que finalmente deja de proteger el ADN de forma efectiva, la célula pierde la habilidad de someterse a la mitosis y se vuelve senescente (inerte). Los efectos tangibles del envejecimiento humano, como las arrugas de la piel o el fallo de los órganos, son una consecuencia del desgaste celular. Con el tiempo, las células envejecen y nuestro cuerpo va perdiendo la habilidad de repararse.

Nuestras relaciones están sujetas a la misma decadencia, destinadas a morir si perdemos la habilidad de someternos a la mitosis emocional, de seguir evolucionando y de especializarnos en circunstancias cambiantes, ya que tanto nuestras necesidades como las de nuestros compañeros cambian. Por otro lado, una relación puede ir demasiado rápido y ser demasiado intensa, igual que una célula que ha mutado y no puede dejar de dividirse se vuelve cancerígena, crece sin control y ataca al propio cuerpo.

Comprender la evolución celular me ha ayudado a darme cuenta de dos cosas fundamentales para mantener relaciones sanas. La primera es respetar nuestras diferencias. Aunque seguramente todos seamos parecidos a grandes rasgos y formamos parte de la misma especie, que ha evolucionado de las mismas células, la clave está en nuestras diferencias. Nuestra infinita evolución desde aquella primera célula madre embrionaria nos ha convertido en personas muy diferentes. A menudo parece que el éxito de una relación se reduce a la capacidad de las personas para reconocer y respetar estas diferencias. A través de nuestra empatía con otras personas somos capaces de establecer las conexiones más importantes, lo que demuestra que realmente hemos entendido a las personas que nos importan, escuchando lo que nos dicen no solo con palabras sino a través de pequeños gestos cotidianos y señales no verbales. En ocasiones, esto puede incluir incluso el contacto visual. (¡Lo que tengo que hacer por la conexión humana!).

Nuestras relaciones más estrechas son aquellas en las que podemos contar con estas cosas y nos permiten sentirnos comprendidos, apreciados y queridos incondicionalmente. Por eso, cuando mi hermana se casó y yo tuve que elegir qué ponerme para el gran día, ambas reconocimos de forma instintiva la magnitud del desafío. Como trabaja en el mundo de la moda, sabía lo importante que era para ella que eligiera un buen vestido. Y ella sabía cuánto odio ir de compras y que le estaba dando largas, no solo por falta de interés, sino porque no sabía qué hacer. Como hermanas, nos entendemos, así que me ahorré el calvario de una sesión de compras en solitario, y ella se ahorró que su dama de honor apareciera vestida como Jim Carrey en *Dos tontos muy tontos,* con un esmoquin naranja y un sombrero de copa. («No lleves un sombrero de copa». «Pero dijiste que podía llevar lo que quisiera, y a ti te gusta Jim Carrey»).

La segunda lección de la biología celular tiene que ver con la paciencia. Una célula madre necesita nueve meses de gestación y, luego, el recién nacido tardará dieciocho años en completar su desarrollo físico (y unos cuantos más, a nivel neurológico). La comprensión mutua en una relación no puede madurar en una sola noche. Si en la segunda o tercera cita ya pensamos en la vida que podríamos compartir con esa persona, estaremos imponiendo las expectativas de un ente maduro a uno que apenas ha empezado a desarrollarse. Esto genera una asimetría entre lo que esperamos de alguien y lo que es razonable que la otra persona sepa de nosotros. La apuesta más segura es pensar en una relación emergente como la célula madre simple y poco desarrollada que es. Debemos evitar proyectar todas nuestras expectativas a largo plazo en alguien, justo al principio. Todo se vendrá abajo si nos precipitamos y pedimos demasiado a alguien con quien aún no tenemos confianza. Hay que ser comprensivos y tener la paciencia suficiente para darse cuenta de que el proceso evolutivo tarda en dar sus frutos.

Probabilidad y empatía: el teorema de Bayes

El inicio de una relación es la parte fácil. Siempre que no dejes que tus expectativas se anticipen a la realidad, serás capaz de disfrutar de los sencillos placeres de algo nuevo y que aún está por desarrollar.

Sin embargo, si superas las semanas o meses de luna de miel, la realidad de la evolución se impondrá. Cuando conocemos mejor a alguien, el organismo unicelular de las primeras citas comienza a dividirse para convertirse en algo más complejo. Adquirimos conocimiento y experiencia, y junto a estos llegan las expectativas: esa persona nos conocerá y será capaz de responder a nuestros deseos y anticipar nuestras necesidades.

La gente a veces habla de que una relación se estanca en la zona de confort, donde los integrantes dejan de prestarse la atención adecuada. Sin embargo, parece más bien lo contrario. Si la ignorancia resulta liberadora, el conocimiento supone una responsabilidad. Las exigencias de empatía aumentan con rapidez a medida que poseemos más información de la otra persona.

Cuando se supone que ya conocemos a alguien, comienza el verdadero trabajo detectivesco. Nos vemos en la obligación de interpretar las pequeñas señales, los significados ocultos e incluso los silencios. Esta es la peor pesadilla de cualquiera, pero sobre todo cuando la ambigüedad no es tu punto fuerte y te lo tomas todo al pie de la letra. Como persona con Asperger, no hay requisitos o ideas preconcebidas a la hora de conocer a alguien: ves a todo el mundo como una hoja en blanco. Por eso, necesito una técnica que me ayude a superar mi tendencia a creer todo lo que me cuentan y mi incapacidad para deducir el significado de las indirectas y las señales de forma natural. El teorema de Bayes ha sido mi gran aliado para conseguirlo. Se trata de una rama de la teoría de la probabilidad que estudia cómo usar las pruebas que recopilamos para desarrollar nuestros cálculos sobre cómo podrían desarrollarse las distintas situaciones. En otras palabras, a medida que cambia una situación, también lo hace la valoración de las distintas probabilidades.

Si quieres aplicar el teorema de Bayes, tu punto de partida también difiere de las clásicas técnicas estadísticas. En lugar de limitarte a deducir la probabilidad a partir de la información que recoges —por ejemplo, las posibilidades de que una moneda caiga en cara o en cruz basado en una muestra experimental de lanzamientos—, realizas una serie de conjeturas previas. Se trata de usar cosas que ya conocemos para ayudarnos a calcular la probabilidad, que en el ejemplo de la moneda podría incluir la técnica de la persona que la lanza, o la posibilidad de que el lanzador esté tratando de interferir de alguna manera en el resultado. El teorema de Bayes nos enseña no solo a recopilar información y establecer conclusiones lineales, sino también a situarlas en el amplio contexto de todo lo que sabemos sobre la situación en cuestión.

Espera, espera, puedo oír tus objeciones. ¿No es completamente opuesto a la definición de investigación científica: intervenir en el experimento en lugar de dejar que las pruebas hablen por sí mismas? Bueno, es cierto que, si tus conjeturas están muy sesgadas, también lo estará tu interpretación de las pruebas. Pero también hay un poder simple pero convincente del enfoque bayesiano: nos ayuda a ver más allá de un conjunto de datos acotados y limitados en el tiempo, lo que nos permite ampliar nuestro campo de visión y situar los problemas en un contexto que, de otro modo, podría ignorarse. Por ejemplo, es muy útil para identificar errores en las revisiones médicas: una prueba con un 99 % de fiabilidad no significa que tengamos un 99 % de posibilidades de ser portadores de una enfermedad solo porque hayamos dado positivo. Pero esto solo lo sabemos al utilizar nuestros conocimientos previos sobre la prevalencia de falsos positivos.

El teorema de Bayes nos permite considerar *todo* cuanto sabemos sobre algo o alguien; si se usa correctamente, es una técnica espléndida para ver las coincidencias entre lo que sabemos y lo que nos indican las pruebas, exponiendo tanto los defectos de nuestras conjeturas como las limitaciones de la información que recopilamos. En otras palabras, ayuda a que las pruebas mejoren nuestras hipótesis, y a las hipótesis a mejorar nuestro uso de las pruebas. También es importante no solo en cómo enfocamos las cuestiones de probabilidad —utilizando nuestros conocimientos previos y contextuales—, sino en la forma en que actualizamos nuestras hipótesis a medida que recopilamos nuevas pruebas. Esto se conoce como probabilidad condicionada: la probabilidad de un resultado determinado en función de los acontecimientos que han sucedido o que podrían suceder.

Siempre que se presenta algo nuevo en mi vida, ya sea una relación, un cambio de ambiente, o un nuevo trabajo, uso el teorema de Bayes para explorar las nuevas incertidumbres a las que me enfrento y sumergirme en una cultura y normas desconocidas. Intento deshacerme de los prejuicios y convertirme en una exploradora, olvidar mis cuidadas preferencias y vivir según las que parecen representativas de este nuevo sistema. Cuando estaba en la universidad incluso me aventuraba en la pesadilla del Asperger: ir de fiesta, la experiencia más profunda y oscura que Millie Pang jamás haya experimentado. Recorrí la discoteca bailando. Y recogí datos que fueron esenciales para darme el nuevo contexto que necesitaba para interpretar todas las situaciones desconocidas que encontraba en ese momento y las nuevas experiencias que comportaban.

Este enfoque puede aportarnos confianza en una relación reciente o en proceso de evolución. Si realmente queremos entender a alguien, debemos observar a esta persona minuciosamente, para comprender las diferencias entre lo que dice y lo que quiere decir, cómo se comporta cuando está feliz o triste, qué significa que se encierre en sí misma (lo que podría indicar que hay un problema, o simplemente que necesita espacio). ¿Y qué hay de la etapa de la luna de miel, cuando las expectativas son bajas? Es el momento de recoger toda esta información para cuando sea necesaria. Todo el mundo te perdonará si al principio de una relación no te das cuenta de que «Claro, sí» significa «Pues claro que no», pero con el tiempo esa tolerancia disminuye. La etapa de una relación en la que tenemos más margen es cuando necesitamos prestar más atención, algo que dará sus frutos a largo plazo.

Por supuesto, la otra conclusión del teorema de Bayes es que, dado que las suposiciones previas afectan a nuestra interpretación de las pruebas, siempre viene bien que haya dos personas que tengan diferentes perspectivas de la cuestión. Debemos tener la empatía suficiente para comprender que lo que a nosotros nos parece algo sencillo, puede no serlo para nuestro compañero, si su punto de partida en cuanto a conocimientos adquiridos, valores y experiencia es diferente al nuestro.

También uso el teorema de Bayes para gestionar las relaciones más turbulentas de mi vida, como la que tengo conmigo misma. Por muy dura que sea una discusión con un amigo o una pareja, no es nada comparado con el torbellino que hay en mi cabeza. Como mi cerebro tiene que trabajar de más para procesar todos los datos que lo rodean y considerarlo todo desde todos los ángulos posibles, se convierte en una olla a presión que puede empezar a hervir sin previo aviso. En ocasiones no hay otra alternativa que dejar salir parte del ruido que martillea mi cerebro: golpear la cabeza contra la mesa, gritar o temblar, o correr en círculos. Lo que sea para liberar la presión de simplemente existir.

El teorema de Bayes, además de ser una rutina que me ancla, ha sido mi arma en esta guerra tan personal. En lugar de reaccionar a la prueba que tengo delante —el ruido, el olor o la visión de un botón de plástico que por sí solos me harían entrar en crisis—, utilizo mis conjeturas previas para salir a la superficie. Este hedor no puede ser tan malo, ya que alguien se tiró un pedo en clase hace una semana y no me morí. Lo más probable es, por difícil que parezca, que no pase nada. El teorema de Bayes me ha ayudado a priorizar los diferentes detonantes que amenazan mi equilibrio y a separar los que son emocionalmente importantes de los que solo son molestias. Me permite elegir mis batallas con el TEA y conservar la energía que tanto necesito.

El comportamiento humano, ya sea el nuestro o el de otra persona, nunca es totalmente predecible y no puede cuantificarse de forma absoluta. Pero podemos tratarlo como una cuestión de probabilidad, afinando nuestros conocimientos y suposiciones sobre las personas que forman parte de nuestra vida y utilizándolos para determinar cómo reaccionamos en diferentes situaciones. Convertir a tu pareja en un objeto de estudio científico quizá no parezca atractivo (para algunos), pero es la manera más segura de adquirir empatía. Tenemos que hacerlo por el simple y molesto hecho de que la gente no suele decir lo que realmente quiere. Lo insinúan, lo señalan a través del lenguaje corporal o simplemente esperan a que lo descubras. Esto se convierte en una pesadilla cuando una mente como la mía exige pruebas claras e inequívocas en las que basarse. Solo mediante la teoría de las probabilidades —aplicando lo que sabemos a la cuestión de lo que alguien realmente quiere y lo que podría pasar después— podemos encontrar un camino a través de las partes turbulentas y nebulosas de toda relación. Así que, si no sabías que un pastor presbiteriano del siglo XVIII (el propio Bayes) fue el mejor consejero matrimonial que ibas a conocer, ahora ya lo sabes.

Discusión y compromiso: lógica difusa

Observar a las personas de nuestra vida es una cosa, pero solo es la mitad del camino que tendremos que recorrer para resolver el misterio de cómo satisfacer tanto sus necesidades como las nuestras, para construir una relación sana, asumiendo los compromisos necesarios y superando los inevitables desacuerdos. También debemos ser capaces de interpretar las pruebas que recogemos mediante la observación y tomar decisiones que ayuden a mantener el equilibrio. Podemos recurrir a uno de los principios más importantes de la inteligencia artificial y la programación informática: la lógica difusa.

Quizá pienses que los algoritmos son un mal punto de partida a la hora de buscar técnicas para superar situaciones ambiguas. ¿No es este el único terreno en el que la mente humana es, y seguirá siendo, superior a la lógica de las máquinas? Bueno, eso sería cierto si fuéramos capaces de emplear nuestro máximo potencial para detectar situaciones complejas, ser empáticos y formular juicios perfectos sobre las relaciones en todo momento. Pero, a menos que seas capaz de hacer esto (lo cierto es que yo no lo soy), vale la pena fijarnos en cómo han lidiado con este mismo problema los desarrolladores del aprendizaje automático. Quizá una idea diseñada para ayudar a las máquinas a pensar como los humanos pueda ayudarnos a hacer lo mismo.

La lógica difusa es la técnica utilizada para ayudar a un algoritmo a operar en situaciones en las que no hay una verdad absoluta, y no todos los factores pueden clasificarse como 0 o 1, izquierda o derecha, arriba o abajo, correcto o incorrecto. Se trata de una técnica que permite que un programa haga cálculos intermedios entre los binarios, estimando hasta qué punto una proposición no es absoluta; por ejemplo, si algo tiene buen sabor o no. Con la ayuda de la lógica difusa, un algoritmo puede determinar si algo es mayormente cierto o no en una escala móvil de entre 0 y 1, en lugar de tener que elegir una respuesta definitiva u otra. Esto tiene infinitas aplicaciones en el desarrollo de sistemas automáticos, desde el frenado de un coche que necesita determinar la proximidad del vehículo que lo precede, hasta las lavadoras capaces de ajustar el flujo y la temperatura del agua o la cantidad de detergente durante el lavado en función del nivel de suciedad de la ropa.

También tiene aplicaciones en la teoría de juegos y la resolución de conflictos, como metodología para mapear un ecosistema de diferentes personas con preferencias variadas, que pueden fluctuar entre 0 y 1 —desde la convicción absoluta hasta la total disposición a ceder— en el transcurso de una negociación.

Esta aplicación es la más importante en lo que respecta a relaciones personales. Por mucho que te guste o quieras a alguien, todos tenemos discusiones. La cuestión no es si las habrá, sino la forma ideal de gestionarlas. La lógica difusa es la clave, ya que explica que la necesidad humana de «ganar» una discusión es bastante inútil. Si hay algo que merece ser discutido, es decir, si una persona no está dispuesta a admitir algo, entonces es poco probable que este asunto se encuentre en los extremos 0 o 1 de la escala. A menudo se trata de la zona intermedia. Quizás ambos necesitáis disculparos, o tal vez no hay una respuesta correcta a la pregunta de si el sofá nuevo debe ser azul o rojo. Una discusión no es un juego, sino más bien un problema que resolver, como un Tetris 3D en el que hay que encajar los bloques de las opiniones contrarias con el mayor cuidado posible. Lo descubrí porque nunca he sido demasiado buena en el «discurso combativo», y a menudo ni siquiera comprendía los insultos de los demás hacia mi persona. Dicho esto, puedo devolvérselos a mi manera: no soy ajena a las opiniones mordaces, y desde que alguien del trabajo me describió como «brusca», esta se ha convertido en una de mis palabras favoritas.

Nos embarcamos en discusiones por varios motivos. A veces simplemente por aburrimiento —ya sea por el momento o por la propia relación— elegimos discutir para retarnos y estimularnos. Pero, sobre todo, no somos actores de segunda o manipuladores. En realidad, creemos que tenemos razón y que nuestro compañero está equivocado: un desequilibrio clásico en la intención y la interpretación, como pasa con las piezas del Tetris. Discutimos desde la convicción de que nuestras suposiciones e interpretaciones merecen imponerse. Y demostramos una falta de empatía bayesiana sobre lo que la otra persona siente o piensa, o sobre las experiencias y suposiciones acumuladas que nos han llevado a tener perspectivas opuestas.

Llegados a este punto tienes dos opciones: embarcarte en una pelea a gritos y una competición de portazos o adoptar un pensamiento más difuso. Puedes aceptar que el tema en cuestión no tiene una respuesta binaria de verdadero o falso. Y, al igual que las lavadoras inteligentes, puedes adaptarte al contexto. Tal vez no sea algo por lo que merezca la pena discutir. Quizás puedas cambiar lo que considerabas una opinión firme, porque no vale la pena en el contexto de la relación. O, simplemente, podrías aceptar que no vas a conseguir lo que quieres en esta ocasión, y no importa tanto como pensabas. Por el contrario, podría haber cosas que para ti sean realmente importantes y que

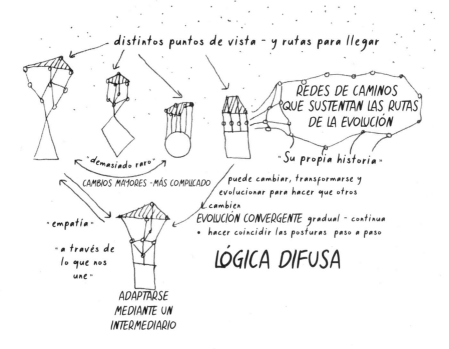

tu compañero no entienda de inmediato (como en el caso de mi paraguas). Entonces es cuando debes reclamar un compromiso, en lugar de ofrecerlo.

Lo más importante es no perder la perspectiva que nos brindan el teorema de Bayes y la lógica difusa. Se trata de algo que no resulta «obvio» a no ser que dos personas miren la situación desde el mismo punto de partida. Aunque creas al cien por cien que tienes razón, esta certeza se tambalea cuando te das cuenta de que esto solo se sostiene si lo miras desde tu perspectiva, que está basada en suposiciones y experiencias que tu pareja quizás no comparta. Tener discusiones difusas nos ayuda a alejarnos de los puntos críticos del pensamiento binario y las afirmaciones imprudentes, en lugar de frenar para considerar todas las opciones. Es difícil hacerlo durante una discusión, cuando las emociones están en primer plano, pero, si realmente quieres llegar a una conclusión, es la mejor manera.

Las discusiones pueden ser una parte sana de cualquier relación. Todos necesitamos tener la oportunidad de expresar nuestros sentimientos, al igual que un ordenador tiene que eliminar los fallos mediante la identificación de errores y defectos para trabajar de manera efectiva en el futuro. Una discusión bien llevada —respetuosa y difusa— puede servir para eliminar los errores en temas que podrían limitar la relación. Es una gran oportunidad para mostrar empatía y vulnerabilidad: revelarse mutuamente la complejidad emocional personal y comprender vuestra evolución como personas. Sin embargo, esto solo puede suceder si aprendemos lo que se les está enseñando a las máquinas: que cuando no hay una respuesta absoluta de verdadero o falso, es necesario encontrar la mejor manera de acceder y hacer cálculos en el terreno intermedio. Comprender nuestros prejuicios y estar dispuestos a ser flexibles en nuestras convicciones a la luz de ese autoconocimiento es crucial para superar los obstáculos de las discusiones y los desacuerdos en cualquier relación. Si después de tener razones para odiar a alguien sigues queriendo a esa persona, entonces tienes lo que yo llamo una relación idílica: algo que solamente el desarrollo evolutivo pone de manifiesto. Y lo mejor es que yo soy tan incapaz de guardar rencor como de detectar la ironía o de juzgar a la gente. Cinco minutos después de discutir, puedo estar en la habitación de al lado y ofrecerte un té. Hasta la próxima.

A lo largo de mi vida, mi fuerte rechazo al olor, el tacto o las palabras de alguien me han llevado a preguntarme si soy alérgica a la gente. Me estremezco ante los comportamientos que considero amenazadores. Como habrás comprobado a estas alturas, son muchos. A menudo me he desesperado por mi ignorancia con respecto a mi propia especie: mi incapacidad para identificarme con otros, o para sentirme parte de su mundo. Al igual que mi sistema inmunológico, actualizo mi inmunidad mental para gestionar y aceptar los cambios de la gente y la vida. Algunos cambios son pequeños y fáciles de incorporar, pero otras veces es una batalla parecida a la de curar el resfriado común.

En el fondo, también sé que el amor es lo que nos hace sentir vivos, incluso cuando es inapropiado, doloroso y difícil de soportar. La matemática que hay en mí también es una romántica. Cree que hay maneras de usar la estadística, la probabilidad y las técnicas del aprendizaje automático para mejorar nuestra búsqueda del amor y la armonía con la gente que nos importa. Y si eres escéptico con respecto al papel de la ciencia de los datos en tu vida amorosa, entonces plantéate si alguna vez has usado Tinder, Bumble o cualquier otra aplicación de citas. La verdad es que muchos de nosotros hemos compartido cama con la IA en algún momento.

Puede que las relaciones estén lejos de ser una ciencia, pero hay muchas maneras en que la ciencia puede ayudarnos a gestionarlas mejor. Una de ellas es comprender la importancia vital de la evolución, cómo hemos llegado a este punto, y su importancia en nuestras vidas. Una relación nunca es estable y no podemos tratarla como tal. Debe respetarse como un ente dinámico que incluye a dos (o más) personas cuyas necesidades, deseos y esperanzas seguirán cambiando con el tiempo. Biológicamente, todos estamos predispuestos a la evolución: es lo que sacó a la humanidad de la vida en las cavernas y la llevó a la vida moderna, y transformó a cada uno de nosotros de un cigoto en el vientre materno al ser humano adulto que somos hoy. Sin embargo, no siempre comprendemos o reconocemos la evolución en nuestras relaciones adultas. Nos comportamos como si la gente no hubiera cambiado con el paso de los años, o como si fuera inconcebible que lo hicieran. No siempre trabajamos para garantizar que nuestras expectativas, suposiciones y comportamientos evolucionen para encajar en la vida cambiante de alguien. Así que el primer paso es ser más consciente de la evolución en las relaciones —la nuestra y la de nuestra pareja— y reaccionar en consecuencia.

El segundo paso es aceptar la incertidumbre y la ambigüedad inherentes a cualquier relación, y encontrar maneras para trabajarlas en lugar de combatirlas. No podemos exigir a la gente que sea cien por cien honesta y clara con nosotros todo el tiempo (por mucho, muchísimo que me gustara esto). Debemos ser más listos y observar muy de cerca su comportamiento para dar con el contexto y la información necesarios para valorar las probabilidades. Convertirnos en mejores observadores nos hará mejores bayesianos y, por consiguiente, compañeros más empáticos.

Además de ser más conscientes de la evolución y de las probabilidades, deberíamos ser conscientes de los prejuicios: tener claro que nuestras opiniones están formadas por nuestras experiencias y que las perspectivas de dos personas sobre el mismo tema pueden ser considerablemente diferentes. La lógica difusa —aceptar que la respuesta a la mayoría de las preguntas difíciles no está en ninguno de los dos extremos, sino en el medio— es fundamental para lograr un compromiso y convertir las discusiones en experiencias positivas, en lugar de destructivas. Todos cometemos errores en las relaciones, nos arrepentimos, y a veces nos preguntamos qué nos pasa. Los humanos somos seres lo bastante complejos ya de por sí, por no hablar de las relaciones en pareja o como parte de un grupo. Pero podemos hacerlo mejor si damos un paso atrás y usamos nuevos enfoques para analizar los mismos problemas de siempre. Empatía, comprensión, compromiso; todo lo que sabemos que hay que mostrar para construir relaciones duraderas. Y todas estas cualidades pueden mejorarse y realzarse a través de la clase de técnicas que he analizado. Créeme: si yo puedo hacerlo, cualquiera puede.

9. Cómo conectar con los demás

Enlaces químicos, fuerzas fundamentales
y conexión humana

De todas las asignaturas de la escuela, el inglés siempre fue de las que más me costaba. Cuando tenía dieciséis años, mi edad de comprensión lectora era equivalente a la de un niño de cinco años, no porque fuera analfabeta, sino porque interpretaba demasiado literalmente algunas preguntas de la prueba de comprensión. (Preguntaban qué pasaba si se tiraba una pelota a través de la ventana y yo quería saber si la ventana estaba abierta o cerrada.)

Me sentaba en un lugar elegido estratégicamente para estar lo más lejos posible de la profesora y lo más cerca posible de la puerta (y del radiador). Un sitio de cinco estrellas para una clase de una estrella. Mi TDAH se disparaba cuando mi mente pasaba del aburrimiento a la inquietud. Tras la lectura del último fragmento de *De ratones y hombres,* yo escribía mi propia versión de la historia, que era la única forma en la que podía entender las conexiones entre los personajes y las distintas partes de la narrativa: un pequeño fragmento en un idioma propio que mezclaba matemáticas, arte y literatura. Saltaba a la vista que mi compañeros de clase hacían garabatos mentales sin prestar atención a la lectura. Pero fueron mis garabatos los que llamaron la atención de la profesora que menos me gustaba.

—¡Camilla! Parece que vuelves a distraerte. Dime, ¿cómo describirías la relación entre George y Lennie?

—Tan(x), hasta el final.

Al escuchar esto, algunos levantaron la mirada y se rieron. En un arranque de valentía, proseguí:

—La función tan(x) es una curva que muestra periodos de gran turbulencia con puntos de estancamiento cortos y tranquilos entre medias; también contiene una gran simetría contrastada, con regiones que son polarizantes, inabordables e indefinibles en ciertos puntos: asíntotas. Así veo su amistad. Es casi magnética.

Enseguida quedó claro que no era la respuesta correcta. Me castigaron por no tomarme el libro en serio, por distraer a la clase e incluso por ser una desgracia para la literatura (increíble para alguien que hasta ese momento apenas

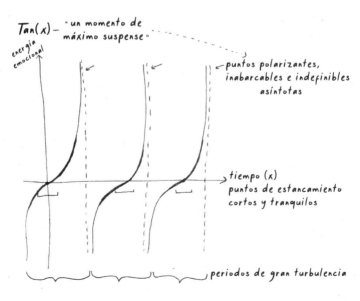

había leído una novela). Mientras la profesora me echaba la bronca y toda la clase me miraba, se acercó tanto que pude olerle el aliento. El incómodo silencio y el intenso olor me provocaron tal ansiedad que me asusté, me escabullí por debajo de su brazo y salí corriendo por la puerta, mientras me cubría las orejas con las manos.

Sin embargo, después del miedo momentáneo, comencé a sentirme triunfante. A través del caos de ese momento, una nueva idea cargada de posibilidades comenzó a abrirse paso. Mis bocetos y mi inusual incursión en la crítica literaria me habían llevado a algo importante. Pensar en la relación como una curva trigonométrica era una iluminación. Si una relación humana (aunque ficticia) podía representarse así, quizás había otras formas en que las matemáticas y la ciencia podían ayudarme a comprender los misterios de la naturaleza de las conexiones y relaciones humanas. Estos momentos me hacen sentir viva, cuando de repente veo un vínculo entre una idea científica que conozco bien y un problema humano que me cuesta comprender.

El punto de partida obvio fueron los vínculos, las atracciones químicas que unen a los átomos y las moléculas y mantienen unido nuestro mundo de manera casi literal. Si las personas pueden conectarse entre sí, cultural y emocionalmente, solo es posible debido a los millones de enlaces microscópicos, tanto químicos como electromagnéticos, que unen el mundo y nuestros cuerpos. Estos vínculos tienen la clave para explicarlo todo, desde el aire que respiramos hasta el agua que bebemos. Sin ellos, nosotros y todo a nuestro alrededor se desmoronaría, literalmente.

Además de ser intrínsecos, los vínculos son ilustrativos. De la misma manera que hay diferentes tipos de relaciones, también hay diferentes tipos de vínculos con diversas propiedades. Hay enlaces fuertes y débiles, temporales y permanentes, algunos dependen de la atracción y otros de la unión de las diferencias. Además, al igual que las relaciones humanas, los vínculos químicos no existen de forma aislada. Su existencia y evolución están condicionadas por las fuerzas fundamentales que los rodean, atraen, separan o mueven en direcciones diferentes e inesperadas.

Lo que empezó como una fantasía en clase se ha convertido en una de mis herramientas más importantes para comprender relaciones de todo tipo. Usar los enlaces y los campos de fuerza como plantilla me permite modelar las diferentes relaciones —ya que explica su forma, naturaleza y propósito— y comprender las distintas direcciones que toman, según se produzca un acercamiento o alejamiento con las personas a lo largo del tiempo. Esto ha sido crucial para darme cuenta de que las relaciones son diferentes. Las hay de muchos tipos, con sus propiedades y características, que son indicativas de las expectativas que debemos tener. Los científicos confían lo que saben de los vínculos para comprender las diferentes respuestas y reacciones entre átomos, moléculas y sistemas. Como personas, podemos beneficiarnos de estos conocimientos: basta con ser consciente de que, aunque no haya dos relaciones idénticas, sí que hay categorías más amplias que pueden indicarnos la probabilidad de los diferentes resultados.

Si sabemos más sobre los vínculos que nos unen con la gente presente en nuestras vidas, y sus rasgos distintivos, estaremos en mejor posición para gestionar la evolución y el crecimiento (o el desgaste) de nuestras relaciones, a medida que pasa el tiempo. Esto puede ser útil para aquellos que se hayan preguntado por qué un amigo los ha abandonado, o por qué sufren a la hora de romper una relación que ya ha agotado su tiempo. La respuesta reside no solo en nuestras acciones y personalidad —o las de la otra persona—, sino en la naturaleza del vínculo que nos conecta. Si somos capaces de comprenderlo, las cosas comienzan a cobrar sentido.

Introducción a los enlaces químicos

Los enlaces químicos, conexiones invisibles que permiten que todo lo que vemos funcione, están por todas partes.

El enlace es la actividad fundamental de toda la química. Es lo que permite que los átomos se unan para formar las moléculas que —como he explicado antes— crean estructuras como las proteínas, los bloques de construcción del mundo natural.

Como en una relación humana, el enlace implica dar y recibir, en este caso, electrones. Son uno de los tres tipos de partículas subatómicas que componen cada átomo. En el núcleo (centro) de un átomo hay protones, de carga positiva y neutrones sin carga, mientras que en las capas exteriores se encuentran los electrones, de carga negativa. Estas cargas eléctricas contrastadas hacen que el átomo esté en un constante tira y afloja interno, mediante el cual trata de alcanzar el equilibrio entre estas fuerzas que compiten entre sí, de forma parecida a lo que hacemos los seres humanos en nuestras cabezas.

El intercambio de electrones define la necesidad del enlace químico. Lo hace para unirse a otros átomos de manera que creen una estructura más estable: un compuesto. Aparte de los gases nobles como el helio, hay muy pocos átomos con el número adecuado de electrones para alcanzar su máxima estabilidad. Por eso, buscan a otros con los que enlazarse y que puedan completarlos (qué bonito).

En este aspecto, los átomos no son tan diferentes a las personas que forman: buscan continuamente la conexión con otros para llevar una vida más feliz e incluso más fácil. Y, al igual que las relaciones humanas, la forma que tienen de juntarse puede variar. A veces, hay un acuerdo real en la forma en la que se comparte un electrón, otras se producen cuando un átomo cede un electrón a favor de otro y otras son producto de las cargas eléctricas que se crean al intercambiar electrones.

Estoy convencida de hay paralelismos reales entre los diferentes tipos de enlaces atómicos y las relaciones que construimos en nuestras vidas. Una vez aclarado esto, debemos conocer los dos tipos principales de enlaces.

Enlaces covalentes

La forma más íntima de enlace químico es el covalente, por medio del cual dos o más átomos comparten electrones para completar su estructura externa. Dentro de la capa exterior del átomo, el número mágico es ocho, el número de electrones requeridos para alcanzar la estabilidad; el estado en el que el tira y afloja electromagnético entre el núcleo y los electrones se minimiza.

De ahí que los átomos tengan una especie de cita química rápida para encontrar la pareja o parejas adecuadas para completar su cuota. Usemos como ejemplo un compuesto que todos respiramos ahora mismo: el dióxido de carbono o CO_2. En este compuesto, un solo átomo de carbono de cuatro electrones comparte dos electrones con dos oxígenos, lo que les da la estabilidad del ocho a ambos.

El enlace covalente es un ejercicio de estabilidad que consiste en compartir, en un esfuerzo colaborativo para crear un equilibrio químico en el que ambos compañeros (o todos) se necesiten equitativamente. Estos enlaces representan las relaciones de nuestras vidas, que se basan en la comprensión común y principios y valores compartidos: donde hay una simetría innata que crea una conexión duradera y un nivel mínimo de drama o inestabilidad. Cuando conoces a alguien y sientes que lo conoces desde siempre, comprendes cómo es un enlace covalente. La amistad es estrecha, inmediata y reconfortante.

Enlaces iónicos

Mientras que la covalencia trata sobre la dependencia mutua, el enlace iónico es un intercambio. Se trata de una transferencia de electrones de un átomo a otro, lo que crea una carga electrostática que mantiene los átomos unidos.

En el caso de otro elemento cotidiano, el cloruro de sodio o NaCl nace como resultado de que el sodio done el único electrón de su parte exterior al cloro, que previamente tenía siete. A través de este proceso, el sodio adquiere carga positiva y el cloro, negativa, y los dos se enlazan mediante la atracción de sus cargas opuestas. Así se consigue la sal.

Los enlaces iónicos (o polares) son aquellos que se basan en la atracción de la diferencia. Esta unión no tiene que ver con la complementariedad, sino con la transmisión de poder. Son las relaciones en las que sabes que la otra persona puede ser completamente diferente a ti, pero existe cierto interés o atracción que te empuja hacia ella de

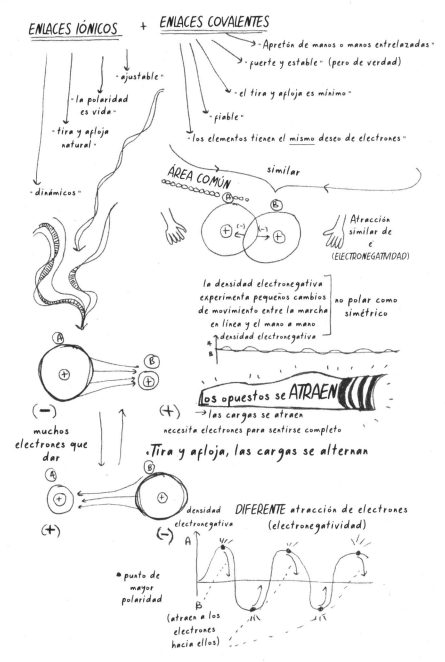

ENLACES IÓNICOS + ENLACES COVALENTES

→ "Apretón de manos o manos entrelazadas"

→ "fuerte y estable" (pero de verdad)

"ajustable"

→ "el tira y afloja es mínimo"

"la polaridad
es vida"

"fiable"

"tira y afloja
natural"

"los elementos tienen el mismo deseo de electrones"

"dinámicos"

ÁREA COMÚN   similar

A   B

Atracción
similar de
e⁻
(ELECTRONEGATIVIDAD)

la densidad electronegativa
experimenta pequeños cambios
de movimiento entre la marcha
en línea y el mano a mano
↑ densidad electronegativa

no polar como
simétrico

A
B

A
B
(+)
(+)

(−)   (+)   → las cargas se atraen

los opuestos se ATRAEN

muchos
electrones que
dar

necesita electrones para sentirse completo

·Tira y afloja, las cargas se alternan

A
(+)

B
(+)

(+)   (−)   densidad
electronegativa

DIFERENTE atracción de electrones
(electronegatividad)

A

·punto de
mayor
polaridad

B

(atraen a los
electrones
hacia ellos)

manera inevitable. Los enlaces iónicos son más fuertes que sus parientes, los covalentes, ya que hace falta más energía para romperlos, es decir, tienen un punto de fusión o de ebullición mayor. Esto significa que, aunque una relación iónica puede ser más inestable emocionalmente, en términos químicos, los enlaces iónicos son más estables. Esta asimetría natural es un reflejo del equilibrio de poder en una amistad, donde una relación sana se equilibra con el tiempo mediante el intercambio natural.

Los diferentes tipos de enlaces (estos son los principales, pero hay muchas más subcategorías) muestran la manera en que la naturaleza de nuestra conexión puede dominar los distintos elementos que la componen: ya sea fuerte o débil, formada a partir de las diferencias o las similitudes, y basada en el intercambio o el desequilibrio de poder. Al igual que las relaciones, los compuestos pueden ser complejos y ser fruto de diferentes tipos de enlaces. El mejor ejemplo es el agua, cuyo compuesto central (H_2O) es producto de dos hidrógenos (con un electrón cada uno) unidos mediante un enlace covalente a un oxígeno (seis). Y esto no es todo, ya que los hidrógenos continúan sintiéndose atraídos por su vecino el oxígeno, lo que resulta en un enlace iónico adicional, una combinación conocida como fuerza por puente de hidrógeno. Esta mezcla de iones y covalentes convierte el agua en uno de los mediadores moleculares más versátiles y tolerantes. Los enlaces de hidrógeno son similares a los que se establecen con los compañeros de trabajo o en los deportes de equipo: a menudo no son tan fuertes como las conexiones con los mejores amigos o la familia, pero son enlaces esenciales que pueden adaptarse a una gran variedad de situaciones.

Al igual que las personalidades de las proteínas pueden ayudarnos a comprender las diferentes dinámicas de un grupo social, comprender las polaridades individuales es clave para determinar la forma en que a la gente le gusta formar relaciones. Están los extrovertidos, que quieren donar electrones, y los introvertidos, que a menudo preferirán recibirlos. Y también están los equivalentes humanos de los gases nobles, aquellos cuyos electrones (vidas personales) ya están completos, y no tienen necesidad o deseos de más interacción. Así como los átomos buscan una o múltiples parejas de baile en función de su necesidad electrónica, distintas personas pueden buscar una pareja que las complete o muchos amigos con los que enlazar y conectar. Este compromiso de conexión, o enlace potencial atómico, se llama valencia.

El efecto hidrofóbico

Por el contrario, hay personas con las que nunca podremos llevarnos bien o frente a las que somos opuestos, y los enlaces también explican estas relaciones antagónicas. Piensa en unas gotas de aceite en el agua. El agua polar entra en contacto con el aceite no polar y de baja densidad. El resultado es que los dos tipos de moléculas interactuarán consigo, en lugar de con las otras. Esto se llama efecto hidrofóbico, y explica por qué nunca debes beber agua después de haber comido algo picante. En lugar de unirse a la capsaicina no polar, el compuesto clave de los chiles, y arrastrarla, el agua simplemente pasa junto a ella, la expande por toda la lengua y esta alcanza más receptores, intensificando la sensación de quemazón.

El efecto hidrofóbico también me ha ayudado a comprender el carácter cerrado de algunos grupos de amistades y la actitud antagónica de los abusones en la escuela. La gente que no te admite en su círculo o que intenta dañarte física o emocionalmente se caracteriza por su indisposición a vincularse. Tienen una estructura social estable a nivel atómico y quieren continuar ejerciendo esta interacción interna, por lo que te dejan fuera. La hidrofobia humana de este tipo tiene que ver con los átomos inestables que se unen a otros como ellos, que se definen por su no-polaridad, la indisposición a conectar con otros que puedan socavar la delicada estabilidad que ha creado el grupo. Lo que los une es el miedo compartido: a ser juzgados, por inferioridad, o por rechazo. Al igual que el aceite, se agrupan, pero permanecen aislados en el panorama general, temiendo que si se enlazan con gente diferente romperán las conexiones que han conseguido formar hasta la fecha. Así, los grupos sociales que parecen tan deseables cuando eres joven a menudo no son la expresión de fuerza y confianza, sino de debilidad. Representan el miedo a quedar en evidencia o a ser superados por otros átomos. Su rasgo identificativo no es lo que les mantiene unidos, sino la tendencia que les obliga a diferenciarse.

Los vínculos, además de proporcionarnos un mapa de conexiones, también indican dónde no ocurrirán, porque estamos tratando con moléculas incompatibles, que simplemente no quieren interactuar. Si alguien no está dispuesto a salir de su caparazón atómico, no hay mucho que hacer. Los enlaces también refuerzan la importancia del equilibrio en cualquier relación. Recuerda que cada átomo tiene un núcleo lleno de protones de carga positiva, mientras que los electrones de carga negativa orbitan a su alrededor. Cuando los átomos se unen en un enlace iónico, ambos núcleos se acercan y la distancia que los separa se conoce como la longitud de enlace. Cuanto menor es esta distancia, más fuerte es el enlace, a no ser que ambos núcleos estén demasiado cerca, en cuyo caso los protones comienzan a repelerse entre ellos. Como sucede cuando una amistad o pareja se vuelve dependiente o dominante, o te descubre con las manos en la masa con una tercera persona, llega un punto en el que hay que restablecer los límites. Los enlaces nos recuerdan que no debemos estar ni demasiado lejos ni demasiado cerca de alguien si queremos formar una relación eficaz y estable. Se trata de encontrar el punto medio saludable y de comprender la inestabilidad inherente al enlace que se ha forjado con alguien.

Si quieres hacer amigos o encontrar pareja, es esencial entender tanto tu valencia (poder de combinación) como la de los demás. Esto te ayudará a valorar qué tipo de conexión es más probable, si tendrás que dar, recibir o compartir parte de ti mismo, y qué tipo de relación acabas formando: en una escala que va desde la calma, la covalencia mutua, hasta la polaridad emocional, altamente cargada pero más difícil de romper. Esto también te permite decidir si te sientes lo bastante abierto y estable como para establecer ese tipo de relación.

Al final, conectamos con otros por las mismas razones por las que los átomos se enlazan: estabilidad, seguridad y para obtener algo de lo que carecemos por nosotros mismos. Pero solo podemos formar estos enlaces si, al igual que el átomo, los establecemos con las personas adecuadas y por los motivos adecuados; y si tenemos la suficiente estabilidad innata para mantenerlos.

Las cuatro fuerzas fundamentales

Los enlaces químicos no existen en el vacío. Son el resultado de su ambiente, y las múltiples fuerzas de la naturaleza que los mantienen unidos y los mueven. Las fuerzas ayudan a explicar por qué los átomos se juntan y cómo se separan. Explican cómo se ejerce la presión y sus efectos a lo largo del tiempo. Para comprender no solo cómo se forma una conexión, sino cómo se mantiene o se rompe con el tiempo, entonces necesitamos comprender las fuerzas y cómo funcionan. Hay cuatro fuerzas de este tipo en la naturaleza que se consideran fundamentales:

1. Fuerza gravitatoria: se trata de la fuerza más débil, aunque de alcance infinito. Todos sabemos cómo funciona la gravedad: es la fuerza que nos mantiene con los pies en la tierra. Sin ella, nada estaría sujeto, no podrías sentarte en la silla, el café no se quedaría en la taza, ni el tejado en tu casa. Es la fuerza constante y reconfortante: la razón por la que me gusta trabajar sentada con mi portátil en el suelo, desde donde nada puede caerse (siempre y cuando el suelo que tengo debajo aguante). Dado que la gravedad es proporcional a la masa, cuanto mayor es la masa de dos objetos, mayor será la fuerza gravitatoria entre ellos. En esta fuerza, el objeto más grande lleva la voz cantante. En el sistema solar, la luna orbita alrededor de la Tierra porque solo tiene (algo más de) una

cuarta parte de su tamaño. Sin embargo, el sol pesa unas 300 000 veces más que la Tierra, por lo que la atrae hacia su campo gravitatorio.

Debemos ser conscientes de que lo mismo sucede en nuestras relaciones: ¿somos iguales en la relación, o uno de nosotros tiene una masa mucho mayor de edad o personalidad, y por tanto actúa como núcleo gravitatorio? Esto podría crear un desequilibrio en el que una persona abrume e inhiba a la otra, o podría ser que alguien busque precisamente este tipo de anclaje en su vida y, por lo tanto, se sienta atraído por alguien que tenga una masa tranquilizadora (quizás de experiencia) de la que carece. Sea cual sea el caso, es importante ser consciente de que dos personas en una relación son como objetos que ejercen una fuerza gravitatoria entre sí, y debemos comprender el equilibrio que esto ha creado. Por lo general, siempre hay una persona que orbita en torno a la otra: es útil entender el papel de cada una y si eso resulta adecuado para la relación.

2. Fuerza electromagnética: el electromagnetismo es la ley de atracción de la ciencia, la fuerza que une o separa los objetos en función de la polaridad de las cargas eléctricas. El electromagnetismo, el Romeo y Julieta de la química, surge de dos campos de fuerza perpendiculares. Está la carga electrostática,

en la que dos átomos tienen literalmente un momento —conocido como dipolo— en el que su polaridad inherente forja una unión (y esperamos que no esté destinada al fracaso). Y está la parte del magnetismo, donde el movimiento giratorio de los entes cargados es tan grande que crea su propio campo de fuerza, y lo que era un grupo caótico de partículas se convierte en un ente coherente y direccional con potencial magnético. El poder de estas dos fuerzas que trabajan juntas es lo que sustenta el magnetismo físico, la ley de atracción fundamental del mundo natural.

Como hemos visto, las fuerzas electromagnéticas fruto de la transferencia de electrones son las que crean los enlaces iónicos o polares. Dado que nuestros cuerpos son enjambres de actividad eléctrica, no resulta sorprendente que experimentemos lo mismo a nivel macro: una atracción casi magnética por alguien con quien nos sentimos obligados a intercambiar electrones (y lo que sea). Estas atracciones electromagnéticas pueden ser estables o inestables, y, dada su naturaleza, pueden ser polarizantes: excitables y altamente cargadas. Son la esencia de nuestras relaciones más emocionantes, aquellas en que la atracción es fuerte, hay cierto componente de peligro, y siempre hay una amenaza de inestabilidad. Así que, si alguna vez has puesto los ojos en blanco cuando alguien habla de «la chispa» en una relación romántica, dales manga ancha. Son más científicos de lo que creen.

3. Fuerza (nuclear) fuerte: al leer este capítulo, tal vez te hayas percatado de una contradicción. Si tanto tiene que ver el enlace químico con la atracción de partículas de cargas opuestas y la repulsión de las que tienen la misma carga, entonces ¿qué pasa con los protones? ¿Cómo pueden mantener unido el núcleo de cada átomo un puñado de pelotas de pimpón microscópicas de carga positiva, haciendo literalmente lo contrario de lo que su carga electrostática les obliga a hacer? Es gracias a lo que se conoce, con una sencillez arrolladora, como fuerza fuerte. Tal vez sea algo de lo que no hayas oído hablar, pero sin duda le estás agradecido. Sin ella, todos nuestros átomos se separarían, y nosotros nos desmoronaríamos con ellos.

Sin entrar en demasiados detalles, y presentando a otros nuevos amigos que suenan a personajes salidos de la serie *Doctor Who* (quarks, gluones y hadrones), basta con entender que la fuerza fuerte existe y es mucho más fuerte que la electromagnética, que empuja a los protones. Pero, aunque sea la más poderosa, también tiene un alcance más limitado. En términos humanos, me gusta pensar que la fuerza fuerte es análoga a los valores más intrínsecos, arraigados y poderosos que nos mantienen unidos: el amor, la lealtad, la identidad y la confianza. Como la propia fuerza fuerte, apenas son visibles y puede que no las entendamos del todo, pero sabemos que son pilares fundamentales en nuestra vida. Por muy importantes que sean los lazos que establecemos con los demás, uno de los factores fundamentales de la vida es la fuerza interior que nos mantiene unidos cuando parece que todo el mundo intenta separarnos.

4. Fuerza (nuclear) débil: la última de nuestras fuerzas fundamentales afecta al cambio de las partículas y explica gran parte de la inestabilidad inherente a algunos átomos. En realidad, no es la más débil de las cuatro fuerzas fundamentales (mala suerte, gravedad), y es bastante más influyente de lo que su nombre sugiere. Tiene un alcance muy corto y es la fuerza que puede cambiar la composición interna de un átomo, provocando la desintegración del núcleo. (Que conste que lo hace cambiando el comportamiento —o el tipo— de los quarks, que son las partículas subatómicas mensurables más pequeñas de los protones, neutrones y electrones.)

La fuerza débil es responsable de la inestabilidad atómica, lo que a menudo es el origen de importantes liberaciones de energía. La fuerza débil es necesaria para que el sol brille (hace que el núcleo del hidrógeno se descomponga en helio, lo que genera una enorme cantidad de fuerza termonuclear). Lo mismo sucede con la fisión nuclear. Esto implica que la fuerza débil puede ser la fuente de una enorme inestabilidad y destrucción. En nuestras vidas, esta fuerza a veces representa a la gente que intenta engañarnos, hacernos sentir culpables o minar nuestra confianza y nuestro sentido de la identidad. Algunas personas quieren cambiarnos, para que nos adaptemos mejor a ellos, y ponernos así a su nivel.

Sin embargo, la fuerza débil es necesaria para otras cosas, ya que es capaz de romper un enlace que ya no sirve para su propósito inicial, lo que nos permite dejar atrás rela-

Zona de amistad - movimiento perpetuo y resonante de las entidades eléctricas (cargadas)

Magnético

NO MAGNÉTICA- - - - - - MAGNÉTICA

"Zona de amistad"   "Zona de no amistad"

"clic"

cargas niveladas

orientación desordenada de las partículas cargadas (relajadas)

DIFERENCIAL DE DIRECCIÓN

crea un campo de fuerza a partir de la potencia en curso

ciones que se han vuelto complicadas o tóxicas. En ocasiones, romper esos vínculos no
es tanto un acto de egoísmo como de protección. A pesar de lo inestable que puede
ser el cambio, también tiene el potencial de
desbloquear oportunidades y abrir la puerta
de nuestro crecimiento personal. De la misma manera en que las fuerzas fundamentales
nos mantienen unidos y enlazados, la fuerza
débil existe para separarnos. Hay que saber
cuándo resistirse y cuándo resignarse.

Estas cuatro fuerzas —la que nos mantiene con los pies
en la tierra, la que crea la atracción y la repulsión, la que
nos une y la que permite que las cosas se separen— son
fundamentales para cada elemento de nuestra existencia. Y
proporcionan una guía para pensar en cómo se forman las
relaciones, cómo nos hacen sentir, y cómo, a veces, incluso entran en crisis sin avisar. Nos enseñan que lo más importante es el equilibrio que ejercen las diferentes fuerzas.
Cuando algo no va bien en una relación siempre será por
un desajuste en el equilibrio de fuerzas: tal vez una persona
ha perdido su magnetismo, o su fuerza gravitatoria es demasiado fuerte como para permitir que el otro se exprese
y evolucione. A veces la fuerza fuerte que mantiene unida una relación desaparece. O puede que una fuerza débil
haga cambiar a uno de los dos, de una manera que ya no
son compatibles.

Cuando valoramos los motivos que nos hacen enamorarnos o desenamorarnos de alguien, o por qué una amistad que una vez fue importante se ha debilitado, las fuerzas
son un buen punto de partida. Nos permiten considerar

con más precisión por qué nos juntamos con alguien en primer lugar y cómo y por qué esas condiciones han cambiado. Si la pregunta es por qué algo de tu vida se unió o se rompió, a menudo, las cuatro fuerzas fundamentales tendrán la respuesta.

Cuando las cosas se rompen

Si los vínculos proporcionan un modelo para comprender cómo nos conectamos como seres humanos, también pueden explicar algunas de las razones por las que estas conexiones se desgastan y se descomponen con el tiempo.

Ningún enlace químico es irrompible. Cada compuesto tiene su punto de ebullición, y la única pregunta que cabe es cuánta energía necesitará para alcanzarlo. En el caso de los enlaces iónicos que mantienen el cloruro de sodio unido, un poco de agua será suficiente, sobre todo si hace calor.

Disolver la sal en el agua de la pasta quizá no se parezca mucho a una relación que se rompe o una amistad que se desintegra, pero la esencia es la misma. Las condiciones de la existencia del enlace han cambiado y, a medida que la temperatura se eleva, la conexión no es lo bastante fuerte como para mantenerse. Todas nuestras relaciones experimentarán cambios circunstanciales; si son lo bastante fuertes como para sobrevivir, dependerá tanto de la naturaleza del enlace como de la magnitud del cambio.

El enlace de hidrógeno de una amistad casual tiene menos probabilidades de durar si, por ejemplo, una de las personas se muda a otro país. Pero, si has desarrollado un enlace iónico con un compañero de trabajo, no es tan probable que dejéis de ser buenos amigos si uno de los dos cambia de trabajo. Vuestras polaridades como personas no han cambiado, aunque las circunstancias de vuestra relación sí lo hayan hecho.

Uno de los motivos más frecuentes por los que la gente suele cortar es que «él o ella ha cambiado». Pronunciamos esta frase simple e insuficiente para captar todo un espectro de evolución personal: el modo en que cambiamos y progresamos en la vida, disfrutamos del éxito y superamos el fracaso, y la huella de nuestras experiencias vitales, tanto buenas como malas.

Los compuestos atómicos son un modelo de lo más útil para comprender la conexión humana, aunque está claro que nosotros somos un poco más complicados que eso. Nuestras necesidades, personalidades y objetivos evolucionan con el tiempo, a diferencia de la capa exterior de un átomo de carbono. Este átomo siempre tendrá sus cuatro electrones, y buscará dos oxígenos que lo completen. Como humanos, nuestras necesidades electroestáticas son más fungibles. Nosotros cambiamos, y los cambios de personalidad, actitud y ambición pueden conllevar un cambio de valencia. Buscar cosas diferentes quizá signifique buscar personas diferentes: amigos estables en lugar de gente fiestera o una pareja que se centre tanto en la familia como en los momentos de diversión.

Hace poco se rompió una de las amistades más importantes que tenía. Se trataba de una persona a la que conocía desde hacía años y con la que compartía el vínculo más fuerte. Pasábamos todo el día juntas, tocando la guitarra y riendo hasta casi mearnos. Era la amistad más fácil y alegre que he conocido. Pero nuestras vidas se han separado. Puede que nuestras carreras hayan progresado a un ritmo diferente. La covalencia que una vez nos unió de forma tan instintiva se desvaneció para ser sustituida por la sensación de que mi amiga necesitaba algo más de mí, algo que yo no podía darle. En una situación como esta, a menudo se tiene la sensación de que la fuerza débil de la otra persona se apodera de ella, desnaturalizando alguna parte de su personalidad o de su felicidad, y amenazando con hundirte con ella. Hay que averiguar si, mediante el intercambio de electrones, se puede ayudar a esa persona a volver a completarse. Pero no siempre es posible. A veces, la magnitud o la frecuencia de su exigencia electrónica es demasiado grande e insostenible para recuperar una amistad sana. No hay que lamentarse por ello. Puede que los humanos estemos diseñados para conectar, pero hay un límite con respecto a lo que podemos ofrecer a otras personas, sin erosionar la fuerza fuerte que protege nuestra propia personalidad, necesidades e identidad.

Cuando rompes con una pareja o un amigo cercano, la respuesta natural (después de una buena sesión de llanto, por supuesto) es echarnos la culpa. Nos preguntamos qué salió mal y qué podríamos haber cambiado. Los enlaces pueden ayudarnos a alcanzar una perspectiva más equilibrada y a comprender que hay algunas evoluciones que ninguna conexión puede aguantar, y algunos vínculos que simplemente no estaban destinados a durar, incluso si han sido claves para nuestra propia evolución. Tal vez lo más valioso sea darnos cuenta de que, aunque los enlaces se rompan, nosotros no tenemos por qué hundirnos. En química, por definición, un cambio de enlace o de identidad atómica no solo es el final de un estado, sino también el comienzo de otro, ya que se crea espacio para un nuevo enlace potencial. Lo mismo nos ocurre a los seres humanos. Puede que una taza de leche caliente nos reconforte tras la ruptura de una relación. Pero, por muchos lazos que veamos romperse, siempre conservaremos una de nuestras capacidades más humanas: volver a conectar, encontrar nuevos amigos y enamorarnos de nuevo. Nuestra capa exterior está lista para dar, o compartir, su próximo electrón.

Los enlaces químicos de los que he hablado pueden formarse en cuestión de nanosegundos, un periodo de tiempo que va más allá de nuestra percepción. La conexión humana puede ser bastante inmediata, aunque debemos ser conscientes de la diferencia entre estas *afinidades* (interacciones únicas) y el concepto biológico de *avidez;* la conexión que se crea por la aglomeración de todas esas afinidades con el tiempo. La avidez es lo que realmente conecta a la gente de manera significativa, entrelazando dos vidas a través de una red de experiencias compartidas, intereses, valores y ambiciones. Este tipo de avidez solo tiene lugar cuando dos personas evolucionan conjuntamente, fortaleciendo y haciendo más profundo ese vínculo inicial para no forzar una covalencia inicial o una atracción magnética más allá de su punto de ruptura.

Cuidaremos de estos enlaces de forma instintiva. Todos invertimos algo de tiempo en pensar en cómo cuidar a nuestros amigos, familia y pareja: encontrar las palabras adecuadas para apoyarlos cuando lo pasan mal, estar ahí para celebrar su éxito, e incluso pensar en qué cocinarles o comprarles por su cumpleaños. Y, al mismo tiempo, nos obsesionamos con las discusiones, los percances y los desacuerdos. ¿Fueron ellos o nosotros?

Comprender nuestras relaciones a través del enfoque de los enlaces químicos y las fuerzas fundamentales nos permite analizar estas cuestiones desde otro punto de vista. Con esta nueva perspectiva, comprendemos mejor la conexión humana, los factores que nos unen y los que nos separan. Nos ayuda a comprender la fuerza que ejercemos en los demás, y ellos en nosotros, y si se trata de un equilibrio beneficioso o un desequilibrio potencialmente dañino. Para mí, se trata de averiguar cómo abordar las nuevas relaciones y ser capaces de reflexionar sobre las que han ido mal por cualquier motivo, sin recurrir instintivamente a culparnos a nosotros mismos. A veces nadie tiene la culpa. Los enlaces se rompen debido a fuerzas que se escapan de nuestro control. Cuando hervimos *tortellini,* siempre hay uno que explota en el agua.

Pensar en los enlaces nos permite reexaminar las relaciones individuales y reflexionar en términos globales. Los diferentes tipos de conexión nos ayudan a crecer en múltiples sentidos: los enlaces covalentes son las relaciones estables y de apoyo que nos dan consuelo y seguridad; en los vínculos iónicos destacan la emoción, la pasión y, a menudo, el amor. Uno es el río que corre constante por nuestra vida, un enlace que puede fluir y discurrir o cambiar de curso, pero que nunca se seca. El otro es como un fuego artificial que ilumina el cielo nocturno y nos emociona con su energía y sus posibilidades. Ambas son necesarias por distintos motivos, en la proporción que se adapte a nuestra personalidad y necesidades vitales de cada momento.

Como los átomos que nos componen, nosotros formamos nuevas conexiones constantemente, fieles a nuestras necesidades humanas fundamentales de pertenencia y estabilidad. Algunas de estas relaciones serán fugaces y otras duraderas. Algunas nos definirán y otras parecerán que estén a punto de destrozarnos. Nadie puede ser completamente imparcial, objetivo, e incluso me atrevería a decir científico, con respecto a su forma de forjar nuevas relaciones. Sin embargo, la química puede brindarnos una nueva actitud y una perspectiva original que nos proporcione la confianza para crear, romper a incluso rehacer las conexiones que nos definen.

10. Cómo aprender de nuestros errores

Aprendizaje profundo, bucles de retroalimentación y memoria humana

El TDAH te hace olvidar constantemente lo que querías hacer. Mi memoria de trabajo —la parte de la memoria donde retenemos la información a corto plazo, de uso inmediato— se ve invadida por nuevos pensamientos, impulsos o respuestas emocionales. Es como si fueras donde fueras, incluso si es a la habitación de al lado, tu mente se actualizara sin parar, lo que hace que pierda el contexto inmediato. No solo me impide guardar rencor, también supone que a menudo salga de casa y olvide adónde tengo que ir, o por qué, o que, cuando llego al trabajo me acuerde de que me he dejado las llaves en la bolsa del gimnasio por tercera vez en un mes. Puedo llegar a casa y olvidarme de quitarme la chaqueta durante horas porque, de repente, me he enfrascado en un libro que he empezado a leer o he decidido montar unos muebles en ese momento. También hay veces en las que me concentro tanto en una tarea complicada, como planear mi camino al trabajo o dedicarme a un proyecto, que me olvido por completo de todo lo demás, como comer. Mis pensamientos son como moscas zumbando alrededor de mi cabeza, ruidosas pero diversas, y se enfrentan a las firmes convicciones de una mente organizada como una tienda de campaña bien anclada.

Mis dificultades con la memoria a corto plazo me han hecho reflexionar sobre la manera en que el cerebro procesa y almacena los recuerdos. He realizado el experimento conmigo misma para ver si era posible mejorar el funcionamiento de mi memoria a corto plazo. Y, a medida que mi comprensión del aprendizaje automático se desarrollaba, entendí cómo los sistemas de inteligencia artificial que los científicos están desarrollando pueden ayudarnos a reexaminar la eterna lucha humana por conservar los recuerdos.

Esto es muy importante, ya que la memoria no solo consiste en asegurarse de llegar al trabajo a tiempo, no olvidar las llaves o ponerse la ropa interior. La memoria también representa los bloques que constituyen quienes somos: los instintos, experiencias y acontecimientos vitales que ha creado el ser humano que somos hoy, y en el que nos convertiremos en el futuro. Si no entendemos la memoria, no podemos comprender nuestros procesos mentales, nuestra psicología, nuestras reacciones a las personas y a las situaciones o lo que valoramos. De hecho, no podremos comprendernos o conocernos a fondo.

Por el contrario, comprender mejor el funcionamiento de nuestra memoria —lo que se amplifica y se suprime, lo que está cerca de la superficie o prácticamente oculto— puede ayudarnos a conseguir una actitud más centrada y solidaria ante la vida. Nos permite escapar de las cadenas de los malos recuerdos que nos limitan y centrarnos en aquellos de los que podemos aprender o fortalecernos (suena cursi, pero es cierto). La memoria es algo que puede acabar con nosotros si se lo permitimos: la acumulación de todo cuanto hemos hecho, dicho o pensado que nos produce ansiedad o vergüenza. Los malos recuerdos no solo son dolorosos, sino que pueden impedirnos avanzar, como la vergüenza de cuando me ridiculizaron por ponerme delineador azul para una comida un martes (una elección fruto del aburrimiento).

Como la energía, los recuerdos no se pueden destruir, solo se transforman (aunque, a diferencia de la energía, los recuerdos sí pueden crearse, como ocurre en cada momento de la vida). La memoria nos transporta a las personas y sitios que formaron lo que somos, que nos proporcionaron consuelo y alimento en tiempos difíciles y que nos preparan para la próxima aventura.

La memoria es algo intrínseco a todos nosotros, y también es algo de lo que apropiarnos de manera consciente. Se puede entrenar como un músculo, no necesariamente para que sea más fuerte, sino para que sirva mejor a nuestras necesidades, priorizando lo útil por encima de lo perjudicial. Podemos ser más felices, más centrados y resueltos si desarrollamos plena conciencia del funcionamiento de nuestra memoria y alineamos su capacidad con nuestras prioridades. Aprendí cómo hacerlo mediante el estudio del equivalente científico más cercano al cerebro humano: la red neuronal artificial. De la misma manera que las redes pueden programarse para optimizar el procesamiento de información y alcanzar ciertos resultados, también es posible ajustar nuestros cerebros para utilizar con más eficiencia el mar de datos que conforma nuestras vidas.

Si alguna vez te has preguntado cómo escapar del fantasma de una mala experiencia vital, para evitar que los recuerdos del pasado limiten tu potencial futuro, entonces este capítulo es para ti. Te explicaré cómo, mediante la aplicación de técnicas del aprendizaje profundo y el aprovechamiento del poder de la retroalimentación, podemos usar el poder de la memoria humana a nuestro favor, aprendiendo de nuestros errores sin estar condicionados por nuestro pasado. (Como aquella camiseta de tirantes morada que llevaba compulsivamente cuando tenía ocho años.)

Aunque los recuerdos se crearan en el pasado, su papel más importante es ayudar a conformar las decisiones del presente y del futuro. Lo que elegimos recordar es crucial a la hora de determinar cómo reaccionamos ante todo tipo de situaciones. Con las modificaciones adecuadas, inspiradas en la inteligencia artificial, puede transformarse y dejar de ser una carga para convertirse en una importantísima fuente de poder.

Aprendizaje profundo y redes neuronales

Las redes neuronales son una analogía perfecta de la memoria humana, por varios motivos. El primero, y el más obvio, es que emulan al cerebro: están diseñadas para producir la aproximación más cercana a la intuición, la percepción y los procesos de pensamiento humano que la inteligencia artificial es capaz de realizar en la actualidad. El segundo es que su función depende de un sistema de retroalimentación que es clave para comprender nuestra habilidad de aprender y retener recuerdos concretos. Esto es el bucle de retroalimentación, y me gustaría centrarme en sus consecuencias en la programación de los recuerdos.

Pero empecemos por el principio. ¿Qué es una red neuronal y qué puede enseñarnos? Las redes neuronales son algoritmos programados para convertir la información entrante —sentidos y percepciones— en resultados: decisiones y valoraciones. Son la principal herramienta del aprendizaje profundo, una rama del aprendizaje automático que aborda problemas complejos que requieren que la máquina «piense», que trabaje de forma iterativa en función de los datos disponibles. En otras palabras, el algoritmo utiliza la información o los datos proporcionados para mejorar su comprensión de un determinado problema, desde analizar

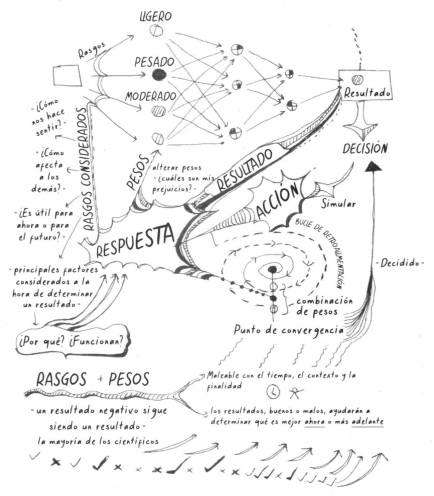

el tráfico de una ciudad hasta la estimación de la subida de los precios de la vivienda en base a información previa o detectar el estado de ánimo de alguien a partir de su mirada. En todos estos casos, la capacidad de modelar buenas respuestas mejora cuantos más datos se introducen en el sistema y cuantos más puntos de referencia tiene el algoritmo para trabajar. En comparación con el aprendizaje automático tradicional, una red neuronal es más independiente y requiere menos intervenciones del programador a la hora de definir lo que debe buscar, ya que, mediante capas internas de lógica, es capaz de crear sus propias conexiones.

Los ejemplos radicales de inteligencia artificial de los que probablemente hayas oído hablar —desde los vehículos completamente autónomos a la automatización masiva del trabajo— dependen, en última instancia, del aprendizaje profundo, que es lo más cerca que estamos de desarrollar un programa informático que pueda pensar (con limitaciones considerables) como un humano. El aprendizaje profundo también es responsable de los controles de antecedentes penales, el diseño de medicamentos y los programas informáticos contra los que compiten los mejores jugadores de ajedrez, aplicaciones que dependen de la capacidad de simular la capacidad conectiva de la mente humana.

Siguiendo el modelo del cerebro, una red neuronal se compone de neuronas: en este caso, las distintas entradas de datos. Estas tienen tres capas: la de entrada, la de salida y la intermedia que se conoce como «oculta», en la que el algoritmo piensa. Por ejemplo, si conducimos un coche autónomo, las entradas incluirán el ángulo de la carretera, la velocidad del coche, la proximidad de otros vehículos, el peso de los pasajeros, y los obstáculos de la carretera, factores que determinan la naturaleza de las salidas, que son las decisiones que el algoritmo toma para conducir de forma segura. Las conexiones entre estas neuronas y cómo se activan son lo realmente importante. El aspecto clave de una red neuronal es que las conexiones tienen un «peso» virtual asignado, que afecta a su influencia en la red y la salida. El programa toma sus decisiones mediante la comparación y el cálculo del peso de estas entradas para aprender cuáles son más indicativas de un resultado concreto. Si seguimos con el ejemplo del coche autónomo, es probable que sean la velocidad y la proximidad de los obstáculos (peatones u otros vehículos) las que tengan un mayor peso e influencia en la toma de decisiones. El objetivo de una red neuronal es, con tiempo y mediante el ensayo y error, asignar los valores más precisos al peso de las conexiones, de manera que pueda tratar las entradas con la prioridad (alta o baja) que se merecen.

Así que, en lugar de determinar la diferencia entre un coche y un peatón por extracción de características —aislando y ubicando las ruedas, piernas, brazos o retrovisores— como haría un programa de aprendizaje automático, una red neuronal es capaz de usar los pesos de las conexiones para detectar cuál es cuál y, más importante aún, las combinaciones de puntos de información que los representan con más exactitud (es decir, que si tiene piernas y brazos, probablemente no sea un Honda Civic). Y cuantas más imágenes de coches y personas introduzcas, más oportunidades tendrá, a través del ensayo y error, de optimizar los pesos y las combinaciones y maximizar la exactitud de las salidas (decisiones). Como las distintas capas de memoria que acumulamos a lo largo de nuestra vida y que nos ayudan a profundizar en la habilidad de establecer conexiones y tomar decisiones, una red neuronal se vuelve más compleja y sofisticada cuantos más recuerdos (datos) haya procesado. Como un niño que aprende cosas por primera vez, cuantas más oportunidades tenga de ejercitar su «mente», mejor informado y desarrollado estará.

Esto es gracias a su segundo componente crucial: el sistema de retroalimentación. Mediante la comparación de resultados previstos y reales, la red puede calcular su margen de error y después usar a nuestro viejo amigo, el descenso del gradiente (vuelve a la página 163 si necesitas refrescar la memoria) para determinar cuáles de estas conexiones tienen un mayor margen de error y cómo deberían ajustarse: un proceso llamado propagación hacia atrás (alias introspección). En otras palabras, la red neuronal hace algo que a los humanos no se nos suele dar demasiado bien: aprende de sus errores. De hecho, está programado para hacerlo sin el bagaje emocional que acompaña a los errores humanos y usando la retroalimentación como un componente intrínseco de su afán de mejora.

Por el contrario, los humanos necesitamos que nos recuerden que la retroalimentación es importante, y cualquier interacción con ella puede ser problemática. Para muchos de nosotros, retroalimentación es una palabra desagradable. En su contexto más predominante, en el trabajo, suele ser una forma neutral de describir una experiencia negativa: como que nos digan que, por la razón que sea, nuestro trabajo no es lo suficientemente bueno. Tiene connotaciones de una conversación incómoda, tics nerviosos y palabras que no significan exactamente lo que dicen. Pero eso es solo porque a los seres humanos, con excesiva frecuencia, no se les da bien recibir, ni dar, retroalimentación. La red neuronal nos recuerda su gran importancia. Solo podemos mejorar si comparamos lo que esperábamos con lo que realmente ocurrió, y ajustamos nuestras suposiciones o nuestro enfoque como resultado. Si confiamos en las mismas conexiones de siempre a lo largo de nuestras vida o carrera, nunca cambiaremos ni evolucionaremos, ni sabremos por qué nos aburrimos y nos frustramos haciendo lo mismo de la misma manera.

Cuando se trata de la memoria, todos podemos aprender del enfoque de la retroalimentación de la red neuronal. O, para ser más precisos, podemos beneficiarnos de ser conscientes de este proceso, porque es algo que ya sucede. El cerebro valora el peso de la información que procesamos a cada momento y decide qué necesitamos recordar y si es para su retención inmediata y a corto plazo, o si se trata de algo que siempre debemos saber. Las cosas que recordamos son aquellas que hacemos o pensamos más a menudo (gracias a la repetición), las que son importantes (porque realmente les prestamos atención) o hechos y momentos que han tenido un impacto especial (también relacionados con la atención). Las cosas que acaban en estas cajas se recuerdan, lo que no solo significa que las almacenamos en la memoria, sino que pasan a formar parte del algoritmo del cerebro, lo que afecta a nuestros prejuicios (conexiones de peso) y a la lente a través de la que procesamos la nueva información. Lo que el cerebro considera importante un día, continuará condicionando sus prioridades al día siguiente. Y viceversa. Estas conexiones y asociaciones de memoria son como un cristal tintado a través del cual vemos nuestras vidas.

Ignorar este proceso —la clasificación coherente de todo lo que nos sucede en dos categorías, memorable y no memorable— es como subcontratar aplicaciones de citas, utilizando tus preferencias previas para determinar automáticamente a quién deslizar a la derecha, sin comprobar realmente si te gusta. También nos expone a los errores del sistema. Los errores pueden colarse en las redes neuronales si los pesos de las conexiones se han basado en una cantidad reducida de datos —sobreajuste— o si usamos información que puede sugerir causalidad donde solo existe correlación: las falsas alarmas. Así que, si has entrenado a una red para determinar la diferencia entre gatos y perros, basándote únicamente en el tamaño de la pata, esta podría llevarte a engaño, si se trata de un gato grande o de un perro pequeño.

Nuestros cerebros tampoco son infalibles. Pueden priorizar cosas que no queremos o necesitamos recordar y fallar a la hora de recordar las que sí queremos. El bucle de retroalimentación es necesario para convertir estos «errores» en datos de los que obtener información y usarla para hacer ajustes. Como dicen muchos científicos, los errores y los malos resultados no existen, solo son fuentes de aprendizaje. Así que, si queremos reprogramar nuestra memoria para mejorar sus resultados, necesitamos ser más conscientes del bucle de retroalimentación que produce, de nuestras conexiones de peso, y empezar a pensar en qué hacer para optimizarlas. Sin una retroalimentación adecuada solo usaremos una fracción de la capacidad de nuestra memoria para cambiar nuestra forma de ver la vida y el mundo que nos rodea.

Rediseñar el bucle de retroalimentación

Entonces, ¿qué hace el bucle de retroalimentación? ¿Cómo podemos convertir la luz y la oscuridad de nuestro pasado en recuerdos que funcionen como aliados y no se vuelvan en nuestra contra? Sabemos que el bucle de retroalimentación funciona: es lo que ha incrustado en nuestra mente los romances pasados, aquel horrible cárdigan que nos poníamos demasiado, y los acontecimientos más vergonzosos de nuestras vidas (como cuando dejé que mi novio usara mi iPad habiendo dejado Google abierto con la búsqueda «¿Cuáles son los pros y los contras de comprometerse?»). Es lo que nos hace anticiparnos al sabor del café por la mañana. Pero ¿cómo funciona?

Empieza por separar el conjunto de datos acumulados de nuestras vidas de lo realmente útil. Como humanos, con el tiempo, las capas de la memoria cuajan en nosotros, lo que hace más difícil separar los distintos fotogramas y determinar qué es realmente importante aquí y ahora. Los antiguos fallos del pasado se abren paso hasta el presente, nublando nuestro juicio y nuestra visión. Los ordenadores tienen el mismo problema: su memoria se queda bloqueada por el exceso de programas funcionando a la vez. Y solo hay una solución: eliminar los fallos deshaciéndose de lo que ya no sea útil o necesario.

Eliminar los fallos es complicado para cualquier humano, pero especialmente para alguien con TEA. Aunque mi memoria de trabajo puede ser dispersa, mi memoria para los detalles es todo lo contrario: es tan eficaz que supone un obstáculo, ya que me distraigo del presente al recordar que un viajero del tren el mes pasado se parecía a un aguacate. Vivir con Asperger significa tener la vista de un halcón y el oído y olfato de un sabueso, ninguno de los cuales es especialmente útil a la hora de intentar ser humano.

Dado que lo percibimos todo y almacenamos datos sobre cada detalle de una situación, nuestros bancos de memoria se colapsan enseguida. Deshacerse de la obsesión por la recolección de datos es una ardua tarea. Los recuerdos detallados son parte de lo que somos: reafirman nuestra existencia y nuestra conexión con las personas y los lugares de nuestra vida. Y cuando tienes una mente sensible a cada acontecimiento y estímulo —no solo cuando un coche pita o suena la sirena de una ambulancia, sino en el momento en que no ocurre y estás esperando a que pase— pulsar el interruptor de apagado no es una opción.

Esta es una parte de mí que no quiero perder nunca. La obsesión que se manifiesta en la eterna preparación y la rutina también es la sensibilidad que me permite ver el mundo de una forma diferente: percibo la belleza y la diferencia que otra gente no se detendría a observar. Mi capacidad de observación me hace sentir abierta y viva, y más cerca de mi instinto animal de lo que la modernidad tecnológica suele permitir.

Además, también supone un reto, ya que cuando registras cada ruido como una señal, resulta imposible hacer como la red neuronal y establecer una jerarquía de conexiones de peso. (También hace que ir de compras sea un poco más difícil de soportar: lo siento, mamá.)

Y, como todo el mundo, siempre he querido encajar. Tal vez me siento como si hubiera aterrizado en el planeta equivocado, pero eso no significa que quiera vivir como una alienígena entre nativos. Desde que crecí en Gales, pasando por la escuela en los Cotswolds, la universidad en Bristol y mis trabajos en Londres, me he esforzado para tratar de mimetizarme con el entorno. Y algo que nunca he podido quitarme de la cabeza es la actitud reservada de los británicos: la reticencia con que la gente suele hablar y comportarse, sin verbalizar del todo lo que piensa, o tratando de ignorar la extravagancia con la esperanza de que desaparezca.

Yo no soy una persona reservada. Soy una persona risueña cuando me entusiasmo, chillona cuando disfruto y gritona cuando me enfado. Mis emociones casi nunca han sido un misterio para nadie. Pero quería experimentar. Quería ser más reservada, más neutral y disfrutar de los beneficios de esta actitud, aparentemente más objetiva ante la vida, que parecía ser óptima. Ser menos Millie y más inglesa parecía la oportunidad perfecta para matar dos pájaros de un tiro: una manera de encajar y un método para eliminar el excedente de mi banco de memoria. Quería parecerme más a Siri o Alexa: puro conocimiento, sin ningún tipo de lastre emocional. Además, a ellas la gente las escucha de verdad.

Así que me embarqué en un experimento. Rediseñaría mi bucle de retroalimentación neuronal, bloqueando los impulsos que me hicieran parecer la «rarita emocional» que soy, y adoptando la perspectiva tranquila de un ser neutral y británico. No solo se trataba de apagar mi ordenador mental, sino de restablecer la configuración de fábrica: desaprender todas las asociaciones que había formado en mi cabeza, a menudo limitando la claridad mental y la conexión que deseaba. En mi mente, podía pasar de estar conectada al TDAH, un huracán de emociones, a una ligera brisa de pensamiento lógico y comportamiento comedido que no olvidaría las llaves cada dos por tres o cuyas opiniones no serían descartadas por ser demasiado emocionales. De esta manera, sería capaz de olvidar el inservible cúmulo de antiguos recuerdos, y haría valoraciones lógicas basadas solo en la nueva información del momento. Borraría mis prejuicios, resetearía los pesos neuronales y empezaría desde cero. Unas vacaciones en mi cabeza.

Sin embargo, en mi empeño por mejorar mi forma de recordar, acabé olvidando cosas que eran mucho más importantes. A lo largo del experimento, en una primera cita, un chico me preguntó por lo que me apasionaba. Y en ese momento me di cuenta de que no tenía absolutamente nada que decir. Había hecho un esfuerzo tan grande para borrar mis prejuicios y preferencias, para librarme de aquellas caóticas vulnerabilidades, que ya no recordaba lo que me importaba. Sentí como si mi espíritu se hubiera fosilizado, no tanto por las cosas que había olvidado como por haberme perdido por completo en una neblina mental. Me sentí abatida. Y luego aterrada. ¿Qué había hecho? Irónicamente, en esa fase, no podía recordar por qué había comenzado el experimento, ya que olvidé apuntarlo en la pizarra. (Genial, Millie, esa es buena. Una vez más, gana la coherencia del TOC).

Como sucede con muchos experimentos, a este le faltó poco para ser un fracaso absoluto. Tratar de borrar y negar mis prejuicios naturales y mi verdadero ser fue peligroso. Pero, como suele ocurrir con los experimentos fallidos, me enseñó algunas cosas importantes. En primer lugar, que tenemos un espíritu y una personalidad que nos es propia y que nunca debería ser motivo de vergüenza o remordimiento. Debemos alimentar a esa persona, no renegar de ella o rechazarla. Pero también hay que recordar que no somos su rehén. He aprendido a quererme sin vergüenza con TEA, TDAH y TAG: la verdadera Millie. Equilibrar estas dos partes y sacarles el máximo partido cuando lo necesito ha sido la labor de mi vida. Es un trabajo a jornada completa, una ciencia y un arte.

Pero eso no significa que muchos de estos comportamientos no me molesten. El olvido. El miedo. La incapacidad de lidiar con grandes sentimientos. Se puede amar a una persona y al mismo tiempo odiar ser así. Pero, aún mejor, puedes eliminar los comportamientos que te resulten problemáticos. Yo olvido cosas porque mi atención está dispersa y, socava mi recuerdo instantáneo. El humo y los ruidos fuertes me dan miedo porque, en el fondo de mi red neuronal, las conexiones están cargadas de veintiséis años de este tipo de reacciones. Por eso, mi ordenador mental responde con el miedo y la huida. Son respuestas condicionadas por la memoria, por su acumulación y su incoherencia. Lo que significa que son problemas que también pueden reconducirse entrenando la memoria y fijándonos en el bucle de retroalimentación.

No puedo deshacerme de mi mente olvidadiza o de mis miedos por arte de magia. Pero sí puedo encontrar formas de gestionarlos mejor, preparándome para las situaciones que sé que serán difíciles y reconectando esas conexiones neuronales para contrarrestar los pesos existentes. Se trata de un proceso doloroso, pero gratificante y revelador: el lujo humano de ser capaz de reajustar nuestros ordenadores mentales.

Algunos de estos ajustes son muy prácticos. Aunque mi habitación parezca desordenada, en realidad está llena de pistas que me guían a lo largo del día, empezando por la bata y el cepillo de dientes situados a la derecha de la cama, que me recuerdan que debo levantarme, ir al baño y lavarme los dientes a primera hora de la mañana. Otros te parecerán, simplemente, extraños. Para recordarme que debo tomar cualquier medicamento, tengo un ritual: gritar «¡Hagrid!» y hacer un baile. Esta rutina puede parecer propia de una desquiciada, pero al menos es fácil de recordar, lo que aumenta la probabilidad de que me acuerde de hacer algo realmente importante pero que olvido con excesiva facilidad. Además, esta rutina va acompañada por una letanía de notas en *post-its* que me recuerdan que debo recoger los calcetines, llamar a mi madre (dos veces) y no lavar los vaqueros que tienen cinco libras en el bolsillo.

Recordar las cosas es, en gran parte, cuestión de encontrar los mecanismos adecuados para recordar. Olvidar el miedo es más complejo. Pero esto también tiene que ver con el bucle de retroalimentación y la propagación hacia atrás. Teniendo en cuenta que sé que el humo o los malos olores no me harán daño de verdad, puedo usar ese resultado probado para contrarrestar la conexión de peso que me dice que debo tener miedo. Puedo actualizar las entradas que condicionan cómo reacciono a situaciones concretas, tranquilizándome con un historial de resultados. No lograré transformar un sentimiento negativo en uno positivo por arte de magia, pero reduciré la intensidad del sentimiento, debilitaré ligeramente esa conexión y me alejaré con relativo éxito del ataque de pánico.

Es probable que tengas peculiaridades y manías en la memoria y el bucle de retroalimentación: las experiencias pasadas que se imponen más de lo que deberían (como una mala ruptura) o las afirmaciones positivas que podemos malinterpretar (el hecho de que vivieras para contarlo, no significa que la última copa fuera una buena idea). Lo importante es tomar conciencia de un proceso que, de otro modo, actúa de forma inconsciente y nos priva de dominar cómo pensamos en las situaciones en la vida y cómo tomamos decisiones. Si te cuesta comprometerte con una relación porque la anterior fue difícil, debes recordar que la anterior relación no te define; el peso de esta experiencia puede ser demasiado grande en tu bucle de retroalimentación, lo que inhibiría tu capacidad de juzgar la nueva relación por sus propios méritos. Tenemos que reflexionar sobre por qué nos sentimos de una manera determinada, ya sea por incertidumbre o por exceso de confianza, y tratar de localizar la raíz de esa emoción en las experiencias previas que han llenado nuestros bancos de memoria y condicionado nuestros bucles de retroalimentación. Una vez hecho esto, resulta más fácil situar los buenos y los malos recuerdos en su contexto y ajustar sus pesos en consecuencia: aprender de nuestros errores, superar nuestros complejos y mirar hacia el futuro de la manera más objetiva que sea humanamente posible.

Si queremos cambiar cómo nos hacen sentir las cosas o el enfoque de situaciones vitales concretas, el bucle de retroalimentación es un buen punto de partida. Debemos reconocer que nuestras respuestas instintivas están condicionadas por toda una vida de recuerdos y experiencias, lo que crea conexiones de peso que determinan la forma en que nuestro cerebro calcula. Las cosas que valoramos y que nos provocan sentimientos intensos no están ahí por casualidad. Tienen su origen en nuestros recuerdos, y la única manera de cambiarlo es mediante el ajuste gradual que nos proporciona el bucle de retroalimentación.

Hay dos tipos de bucles de retroalimentación, el positivo y el negativo, y ambos tienen un papel importante en los sistemas de capacitación. Un bucle de retroalimentación positivo nos lleva a repetir algo, otorgándole más peso y relevancia al cómputo global. Sirve cuando queremos animar a un sistema (es decir, nosotros mismos) a ser más atrevido en algo. Su homólogo negativo está diseñado para el efecto contrario, para restringir o limitar un factor determinado. Ambos tienen sus ventajas y sus desventajas. Un bucle de retroalimentación positivo es estimulante, pero puede llevar a que la inspiración y la alegría de vivir se descontrolen, especialmente cuando se trata de drogas y alcohol, ya que queremos sentir el mismo subidón que nuestra memoria asocia con estos estupefacientes. Por el contrario, el negativo actúa como una fuerza estabilizadora y también puede sumirnos en una espiral de introspección y futilidad: mis episodios depresivos se deben a que los malos recuerdos y experiencias suprimen mi energía positiva hasta el punto de sentirme totalmente inútil e incapaz de ser funcional durante días. Es la manifestación final de un bucle negativo: se experimenta un eclipse total de todo buen recuerdo y sentimiento positivo que se haya experimentado.

Si tratamos de crear un bucle de retroalimentación positivo, podemos empezar por experimentar lo que nos da miedo en pequeñas dosis, para ganar confianza, de manera que nos libremos del peso que nos empuja a detenernos y tener miedo. Podemos hacer cosas que nos den miedo. En una ocasión incluso me obligué a ir a un festival de música con mis amigos (en teoría, «lo mejor del mundo»), que para alguien con Asperger es básicamente el equivalente de Mordor: ruido excesivo, caos infinito, olores sospechosos y multitudes impredecibles. Allí batí mi récord personal con cinco ataques de pánico en trece horas, por no mencionar cuando accidentalmente quedé atrapada en primera fila, como una sardina. Tras desmayarme del *shock,* me llevaron al punto de atención médica, desde donde llamaron a mis padres. Mi padre —que me recordó entre risas que los Pang nunca hemos sido grandes excursionistas— tuvo que venir a rescatarme.

Aproveché la experiencia para confiar en mi capacidad de experimentar, poner a prueba mis límites y recordarme a mí misma que lo desconocido (e incluso lo desagradable) no tiene por qué ser mortal. No me verás volviendo al festival Beach Break o durmiendo en una tienda, pero no me he arrepentido de mi breve aventura ni por un segundo. Me lo pasé en grande, aunque brevemente, y estaría dispuesta volver a probar algo similar.

En otras ocasiones el objetivo será crear un bucle de retroalimentación negativo que nos frene a la hora de hacer algo. Para conseguirlo, podríamos centrarnos en el resultado negativo de determinado comportamiento, lo que hará que nuestro cerebro recuerde la asimetría entre el motivo por el que hacemos algo y el momento final al que nos llevará; como una resaca, un dolor de cabeza por exceso de azúcar o enfermar a causa de un sobresfuerzo en el gimnasio.

Estos bucles de retroalimentación positivos y negativos martillean constantemente nuestros cerebros, les prestemos atención o no. Mi experiencia es que, cuanto más consciente soy de su existencia y cuanto más me esfuerzo por rediseñarlos (recordando los buenos o malos resultados, a pesar de las expectativas), más control tengo sobre mi estado mental. También vale la pena recordar que un sistema funcional, ya sea humano o algorítmico, depende del equilibrio adecuado de retroalimentación positiva o negativa. Necesitamos la suficiente retroalimentación positiva para poder experimentar cosas nuevas y así aprender, y la suficiente negativa para limitar las malas decisiones o ponernos en peligro. No podemos abusar de la retroalimentación positiva o negativa si queremos mantener el equilibrio: igual que la red neuronal que impulsa un coche autónomo interpreta la información de manera demasiado agresiva o demasiado cautelosa para poder conducir de forma segura. Pero tampoco podemos prescindir de ellas: ambas deben estar presentes y ajustarse para adaptarse a las diferentes situaciones a las que nos enfrentemos.

Tras mi experimento aprendí que no es posible abandonar toda una vida de memoria acumulada y condicionamiento mental. Nos guste o no, esto es lo que nos hace humanos, nos hace sentir y nos confiere una identidad o personalidad que nos ancla. Los prejuicios a veces pueden parecer el enemigo, pero en realidad solo somos nosotros: la expresión más pura de nuestro ser. Sin embargo, aceptar que existen no es lo mismo que ceder ante ellos. Ser conscientes de que existen es una forma de controlarlos, trabajando gradualmente para usar experiencias reales que alimenten el bucle de retroalimentación y ajustar los importantes pesos que la experiencia nos proporciona. Debemos ser conscientes de nuestros prejuicios subconscientes para saber a qué nos enfrentamos. Al igual que mirar un álbum de fotos antiguas, es un proceso que puede ser tan aterrador como divertido.

Experimentar con mi memoria me ha enseñado que limpiarla por completo —y tener que reaprender a sujetar mi taza favorita— no es el camino. Podemos aprender de las redes neuronales, pero no somos como los ordenadores que pueden hacer que su memoria funcione de forma más efectiva deshaciéndose de todo lo que han acumulado. En lugar de un formateo total de memoria, me he decantado por un proceso continuo de actualización mental. Cada uno o dos años, reviso las diferentes capas de memoria que destacan en mi mente y dejo de lado aquellas que solían serme de utilidad pero que ya han servido a su propósito. Trato de reforzar aquellas que me proporcionan inspiración, concentración y felicidad. Es una manera de reducir los remordimientos del pasado y de preparar la mente para los retos que se nos presenten. Al final, nuestra memoria representa el tapiz que teje nuestra vida. No deberíamos olvidar que podemos elegir qué aparece en él.

No es posible controlar todo lo que ocurre en nuestra vida, pero sí podemos condicionar la manera en que la memoria almacena y utiliza esas experiencias. Algo que está totalmente en nuestras manos es elegir a qué le damos importancia, cómo lo recordamos y por qué razones. ¿Qué cosas de tu vida te dan fuerza y te recuerdan la persona que realmente eres y de lo que eres capaz? Y, al revés, ¿qué malos momentos actúan como frenos en el comportamiento y las decisiones futuras, recordándonos lo que probablemente lamentaremos más tarde? Hay que elegir y priorizar: lo bueno frente a lo malo, lo lógico frente a lo emocional, nuestros sentimientos frente a los de los demás. Todos estos elementos se mezclan en el bucle de retroalimentación constantemente: como en cualquier receta, lo que importa son las proporciones, y las elegimos decidiendo en qué nos centramos y cómo procesamos y almacenamos esos recuerdos. Aunque aprender de los errores puede sonar manido y simplista, en realidad es una parte importante del modo en que condicionamos la mente y la memoria para que trabajen a nuestro favor, creando un bucle de retroalimentación sano y equilibrado que nos prepara para afrontar futuros retos; sin miedo a perfeccionarlo con el tiempo.

El bucle de retroalimentación es un proceso instintivo, pero dominarlo nos confiere un gran poder, ya que nos obliga a pensar en cómo funciona y en qué modificaciones aplicar. La concentración y la atención son partes importantes en la formación de la memoria. Como la lasaña de mi padre es mi comida favorita en el mundo entero, cuando era pequeña siempre la ponía frente a mí para captar su olor y su aspecto durante diez segundos sin pestañear, registrando su recuerdo para volver a él cuando necesitara recuperar la comodidad de mi hogar. Con estos pequeños gestos, es posible entrenar nuestra memoria para dar prioridad a lo útil sobre lo inútil, aprovechando al máximo su capacidad de proporcionar fuerza, tranquilidad y confort.

La memoria es también una fuente de ansiedad, vergüenza y arrepentimiento. Si la dejamos crecer y evolucionar inconscientemente, a menudo nos lleva a lidiar de forma negativa con nuestras experiencias y decisiones pasadas, reviviéndolas en los segundos, meses e incluso años posteriores. El reto de nuestra memoria es no quedarnos atrapados en su laberinto de historia, arrepentimiento o personas y lugares a los que nunca podremos volver. Para ser sinceros, la mayoría de nosotros vive más en el bucle de retroalimentación negativo que en el positivo: acumulando selectivamente las malas experiencias y los recuerdos que minan nuestra confianza e influyen en la trayectoria de futuras decisiones.

Sin embargo, la memoria también es algo necesario para vivir. Algo que, como descubrí, es un elemento demasiado intrínseco a nuestra humanidad como para eliminarlo como si fuera la parte defectuosa de un motor. Formatear nuestra memoria, como haríamos con un ordenador, supone eliminar algo que nunca podrá reemplazarse adecuadamente. Así que nuestra mejor opción es afinarla como si fuera un piano, hacer ajustes con el tiempo que nos permitan sacar el máximo partido de esta poderosa, y en ocasiones peligrosa, fuente que define nuestro propio ser.

11. Cómo ser educado

Teoría de juegos, sistemas complejos y etiqueta

—Hola, Millie, ¿está tu madre?

—Sí, sí está —dije justo antes de colgar. Misión cumplida.

—¿Era el teléfono, Millie?

—Ya está, ya me he encargado.

No acabar de «pillarlo» ha sido algo recurrente en mi vida. Para alguien con Asperger en un mundo de medias tintas neurotípicas, señales ambiguas e insinuaciones indescifrables, es como abrirse paso a través de un campo de minas. O como sembrar minas en tu propio maizal por accidente. En cualquier caso, si temes pasar vergüenza tu existencia estará llena de altibajos.

Esto no solía suponer un problema. Vivía feliz, tratando igual a todo el mundo (y me refiero a todo el mundo). Decía lo que veía, le contaba a la gente lo que pensaba y le gritaba a la gente grosera por la calle. No tenía en cuenta la edad, la jerarquía ni la reputación. Pero todo tiene un precio. Mi existencia despreocupada y ajena al contexto social me impedía sentir empatía hacia la gente y sus necesidades individuales. Para ello, usé el enfoque bayesiano para ser más empática, como he explicado en el capítulo 8. Pero, al hacerlo, perdí la coraza que me protegía de las exigencias de la etiqueta social.

Y entonces comencé a advertir la magnitud real del campo de minas. Lo ilustraré con algunos ejemplos.

Como no puede ser de otra manera, el primer ejemplo tenían que ser las citas. Voy a poner las cartas sobre la mesa. La verdad es que no sé ligar. Pero contra todo pronóstico, y gracias a las aplicaciones, tengo citas. Una vez tuve una con una persona cuyo segundo nombre era un producto derivado del cerdo. Parecía nervioso durante la comida, así que, en un intento de hacerle sentir cómodo, decidí pedir salami. Resultó ser vegetariano y pensó que me reía de él.

O aquella vez en la que un invitado me pidió algo «un poco más fuerte» que el té, así que le ofrecí café. O el incidente de la estación de tren, cuando pensé que un hombre llevaba una bomba bajo la ropa, llamé a la policía, que le hizo levantarse el jersey y descubrimos que en realidad solo escondía una peluda barriga cervecera. O la vez en que un amigo de mi madre, que usa bastón, se inclinó para abrazarme y yo retrocedí tan bruscamente que acabó en el suelo y tuve que huir avergonzada. Y después, cuando traté de hacerme perdonar bailando villancicos, acabé dándole un manotazo en el ojo a uno de mis tíos con un movimiento demasiado entusiasta.

Por no mencionar la vez que quedé para cenar con una amiga que es como una hermana para mí. Es una compañera de yoga a la que le encanta comer fruta, y yo quería encontrar el regalo perfecto para expresarle mi cariño y nuestra conexión. Me presenté con una sandía entera (una parte importante de la dieta ayurvédica). Ella se mostró confusa y, posteriormente, me confesó que es una de las frutas que no le gustan.

Dado que ahora soy más consciente de lo que otra gente pueda pensar de mí, también me doy cuenta de la infinita complejidad del comportamiento esperado y cómo cambia con cada lugar, grupo y persona. ¿Por qué una broma graciosa en un contexto puede ser bochornosa en otro? ¿Por qué se permite comer de cierta forma alrededor de la mesa, pero no en casa de tus amigos o en un restaurante? ¿Cuál es el momento adecuado para contradecir a tu jefe en el trabajo? ¿Cuáles son las reglas, quién las elige y dónde puedo conseguir el manual?

Como provengo de una mezcla completa de culturas —china y galesa— también sé de primera mano lo exigente y desafiante que puede ser la etiqueta para el observador incauto. Si te encuentras con los Pang y su «Sik Fan» de los domingos, el equivalente a una barbacoa, puede que te sorprendan nuestros modales en la mesa: nos llevamos los cuencos a la boca, comemos arroz y carne a dos carrillos y sorbemos la sabrosa sopa del fondo del cuenco. Los codos en la mesa son bienvenidos, los huesos se escupen en un plato concreto, y el ritual termina con un enorme eructo de aprobación del festín. Sin embargo, si te atreves a coger un palillo con cada mano, como si fueran un cuchillo y un tenedor, recibirás una colleja por tu grosería. Intenta encontrarle sentido a eso.

Me tranquiliza saber que no soy la única. Parece que a todo el mundo le pone nervioso comportarse correctamente en determinadas situaciones, sobre todo en las desconocidas. Todos tenemos anécdotas en que hemos dicho algo de lo que nos hemos arrepentido al instante y después nos ha obsesionado durante semanas. Estos momentos crean recuerdos, e incluso pesadillas: ser la única persona desnuda en la habitación; alguien que se ofende por lo que pretendía ser broma. La humillación en público es uno de los mayores miedos del ser humano. No siempre lo he sabido, pero ahora sí.

Tanto la gente neurotípica como la gente neurodivergente puede meter la pata, aunque es probable que lleguemos a ello por vías ligeramente diferentes. Para alguien como yo, suele ser por no comprender las normas sociales y no tener en cuenta los parámetros invisibles de la jerarquía y las costumbres. Si eres una persona neurotípica, quizás hayas experimentado lo contrario: asumir que tu conocimiento de una situación determinada es suficiente para «pillarlo», o extralimitarte porque te confías y hacer un chiste malo o una sugerencia poco adecuada.

Ya sea por exceso o falta de etiqueta, la solución al problema de la ansiedad social y a hacer el ridículo es la misma. Necesitamos herramientas sociales para recabar información sobre el comportamiento de la gente, para después procesarla mediante la exploración de los múltiples resultados potenciales de comportamientos distintos, ya sea cómo vestirse, qué decir e incluso cómo saludar. Considera este capítulo una guía rápida contra el aislamiento social, de parte de alguien que sabe exactamente lo que es. Si alguna vez te ha preocupado cómo afrontar una entrevista de trabajo, conocer a los amigos de tu nueva pareja o incluso acudir a una cita, sigue leyendo.

Si se trata de reglas (en su mayoría) no escritas, y nadie se pone de acuerdo en quién las establece, ¿qué podemos hacer para evitar la pesadilla de un grave error de etiqueta? Como soy una persona a la que le gustan los reglamentos, decidí que la única forma de tener uno era escribir el mío propio. Si nadie me decía cuáles eran las normas, tendría que averiguarlas por mí misma.

Lo hice basándome en las técnicas de modelización informática, la teoría de juegos y mis propios conocimientos de bioinformática. Descubrí que una normativa tal vez sea la forma equivocada de concebir la etiqueta. Porque las reglas son una cosa, y existen, pero no son la única variable. También importa cómo se ajustan, interpretan y se aplican según la situación. El comportamiento individual es tan importante como los hábitos colectivos, y ambos se retroalimentan en una simbiosis que nunca es del todo previsible. Para darle sentido necesitamos técnicas para descubrir cómo el comportamiento local deriva de la etiqueta de un país, una comunidad o una cultura en particular, y a la vez se diferencia de ella. Debemos adquirir conocimientos previos sin dejar que nos limiten y explorar sin herir los sentimientos de nadie. Como explicaré más adelante, cuando exploramos las infinitas variaciones de la etiqueta, la única apuesta segura es no esperar nada, no asumir nada y observarlo todo.

Modelo basado en agentes

Las normas sociales son tan difíciles de investigar en la teoría como en la vida real. Como dependen del contexto y se basan en una gran variedad de interpretaciones, no hay nada parecido a una regla universal sobre cómo hacer cola, sujetar los cubiertos, o dividir la cuenta de un restaurante. Antes de llegar a la respuesta adecuada, hay que considerar tanto las normas locales como las preferencias individuales, que quizás ni siquiera sean compatibles.

En otras palabras, la etiqueta es algo que se determina de manera colectiva pero que se traduce individualmente (y selectivamente). Las normas a las que la gente se adhiere a nivel nacional o cultural después se filtran con un prisma individual, familiar o laboral. Para poder entenderlas, necesitamos sintonizar dos niveles: el compartido y el específico. Necesitamos un sistema que modele la etiqueta tanto en la teoría como en la práctica individual inconsciente.

Esto se consigue con un modelo basado en agentes (MBA). Se trata de un enfoque de la modelización que cartografía sistemas complejos, midiendo cómo se comportan los «agentes» (que pueden ser personas, animales, o cualquier otro elemento independiente de un sistema) a través de sus interacciones tanto con el sistema global como con los demás agentes que los rodean. Si quieres saber la probabilidad de un comportamiento en un entorno determinado —por ejemplo, las interacciones entre el tráfico y los peatones, el flujo de la ola de un partido de fútbol, o cómo recorrerán los clientes una tienda—, el MBA puede interesarte. Es una gran forma de comprender cómo se relaciona el comportamiento real —de los agentes— con el comportamiento esperado: las reglas de un sistema. Por último, el sistema surge de un equilibrio entre las reglas intrínsecas y la autonomía de sus agentes, ya que ambos interactúan.

Por eso es una gran herramienta para comprender la etiqueta. El MBA representa la realidad de que somos seres individuales con autonomía y humanos sujetos a numerosas restricciones de pensamiento y comportamiento (es decir, normas sociales). No somos completamente independientes, ni esclavos del sistema, como demuestra el MBA. Los agentes responden tanto al comportamiento de otros agentes como al entorno global. Desde una perspectiva analítica, esto significa que no basta con comprender las reglas de la etiqueta, como hablar con la gente, comer y formular elogios. También debemos observar la interacción de la gente con estas reglas y con los demás, influyendo a su vez en ambos. Nuestro comportamiento como humanos rara vez se adquiere en los libros (salvo que seas yo, o leas este libro), ya que suele copiarse de otra gente, especialmente de las personas más cercanas. Así aprendemos a hablar cuando somos bebés, observando y escuchando antes de formar palabras por nosotros mismos. Y de la misma manera, aprendemos la forma correcta (en nuestras mentes) de hacer todo tipo de cosas en la vida, lo que puede extrañar a otras personas con su propia forma «correcta» de doblar la ropa, de ayudar a alguien que lo necesite o de hacer una salsa.

Este equilibrio entre lo individual y lo colectivo, lo local y lo global, es la esencia del comportamiento humano. Tal vez pensemos que no seguimos las reglas, pero, conscientemente o no, todos obedecemos ciertas normas sociales, ya sean universales o específicas. Incluso los anarquistas tienen un uniforme. Pero al mismo tiempo, el comportamiento humano no puede modelarse simplemente comprendiendo las normas, cosa que frustra a los científicos. También necesitamos indagar en cómo los agentes (las personas) responden a ellas y, a su vez, cómo les influye el comportamiento de otros agentes.

Yo utilizo el MBA para superar situaciones sociales y profesionales en las que, de otra forma, iría a la deriva. El MBA me proporciona tres categorías de observación: i) las reglas según la gente, que siempre puedes investigar por adelantado, ii) las reglas en su aplicación a una situación concreta, basada en la interacción de los diferentes agentes, y iii) las características y las preferencias implícitas de los agentes individuales. El MBA me ayuda a comprender que no puedo comprender la etiqueta de una situación hasta que no la experimento y la observo. Ninguna lectura sobre modales en Alemania, o cultura empresarial en Colombia, puede prepararme para la realidad de los contextos específicos a los que me voy a enfrentar. La ciencia me dice que no llegaré a ninguna parte hasta que pase de la teoría a la práctica experimental.

Puedes embarcarte en situaciones desconocidas, provisto de determinados conocimientos, pero es peligroso hacer demasiadas suposiciones antes de reunir pruebas reales sobre los agentes y cómo interactúan entre ellos y con el sistema en su conjunto. Yo necesito observar a los agentes en acción, individual y colectivamente, para después confiar en mis conocimientos sobre la etiqueta local, ya sea en un lugar de trabajo concreto, en una casa o en una ciudad.

Por ejemplo, una de las cosas que más me cuesta en el trabajo es comprender cómo funciona la jerarquía, y lo que debería y no debería decir a las diferentes personas. (No bromeaba cuando decía que trato igual a todo el mundo). En la universidad, me vi obligada a renunciar a un trabajo de media jornada de soporte informático cuando contradije públicamente a mi supervisor, que trataba de ayudar a un cliente con una solución que yo acababa de probar y sabía que no funcionaría. Tras presentar una queja, me llamó mi verdadero jefe, que fue compasivo, pero me dijo que debía mostrar más respeto a la gente. «Sí, pero que se lo gane», repliqué: era exactamente lo que pensaba, pero, como descubrí, no era lo más adecuado para la estabilidad laboral.

Ahora utilizo una forma de MBA para entender cómo se aplican realmente las «reglas» de la jerarquía (que siempre son discutibles, porque muchas empresas dicen no tenerlas, aunque la mayoría sí) en un lugar de trabajo. Me guio por la forma en que interactúan los agentes existentes, y utilizo esos datos para saber cómo transmitir mis opiniones y prioridades. En algunos entornos, a la gente le puede gustar mi versión más sincera, la que dice exactamente lo que piensa, independientemente del contexto o del público. En otros, si quieres que alguien tenga en cuenta tu idea, es mejor que la presentes como si fuera suya. Cada sistema tiene sus propios ritmos y convenciones, una etiqueta que viene determinada tanto por las preferencias como por las interacciones de sus agentes. Para acceder a él, primero hay que estudiar y comprender a sus agentes. Se llama modelo basado en agentes por una razón: cuando se opera en condiciones locales, como casi siempre, hay que seguir la etiqueta local. Para entenderlo, hay que centrarse en los agentes, los que más intervienen en el comportamiento dentro de su círculo de influencia. Es lo que siempre nos han dicho: lo que importa no es tanto lo que se dice, sino cómo interpreta el mensaje el destinatario. No hay ninguna verdad absoluta, salvo la de la imprevisible individualidad.

A la hora de aplicar el MBA, tengo la ventaja de ser una persona incapaz de hacer suposiciones sobre nada. Esto puede ser peligroso, ya que significa que, si alguien me asalta en la calle por la noche, yo no asumiré inmediatamente que vaya a hacerme daño. Escucharía lo que tuviera que decirme y valoraría sus intenciones según su manera de expresarlas. Dado que en la teoría sé que no es un comportamiento seguro, evito ponerme en esa situación —caminar sola por la noche— siempre que sea posible.

Siempre y cuando se tomen estas precauciones, adentrarse en una situación sin juicios previos puede ser muy beneficioso. Si ese no es tu enfoque, te conviertes rápidamente en víctima del sesgo de confirmación, que filtra selectivamente las pruebas para que se ajusten a tu conclusión preconcebida. O, dicho de otra forma, si decides de antemano que alguien es idiota, encontrarás argumentos que apoyen esa conclusión.

Cuanto menor sea la cantidad de suposiciones con las que afrontes (de forma segura) una nueva situación, más libre serás para detectar qué normas se aplican y ajustar tu propio comportamiento en consecuencia. Trata de centrarte en cómo los agentes de tu trabajo, del evento al que asistes para hacer contactos o el grupo de amigos de tu pareja se comportan realmente, no en cómo esperas que lo hagan. Analízalos como individuos y haz un seguimiento de sus interacciones con los que los rodean. Entre estas necesidades individuales, conexiones locales y normas globales se encuentra la etiqueta real de un sistema.

Teoría de juegos

El MBA puede ayudarte a descubrir la etiqueta de un contexto en particular. Sin embargo, no te dice nada sobre por qué la gente se comporta de tal forma o de los motivos de sus intenciones. Tampoco responde a la pregunta más acuciante en torno a la etiqueta: ¿cómo va a reaccionar alguien a lo que digamos o hagamos a continuación? Para eso necesitamos indagar en la ciencia de la teoría de juegos, que define no solo cómo interactúan los diferentes agentes de un sistema, sino también cuáles son sus motivaciones y por qué toman determinadas decisiones.

La teoría de juegos la inventaron dos matemáticos cuyo trabajo sentó las bases del estudio moderno de la inteligencia artificial: John von Neumann y John Nash. Al igual que los modelos basados en agentes, se centra en cómo interactúan los diferentes jugadores de un sistema determinado basado en unas reglas. Pero la teoría de juegos va más allá, pues analiza las consecuencias de sus distintas elecciones: ¿cómo afectará a los demás la decisión de uno o varios jugadores? La teoría de juegos contempla todo el contexto, supone que un jugador no solo considera sus propias decisiones y sus consecuencias, sino también las de los otros jugadores, e intenta predecir tanto lo que pueden saber como la forma en que es probable que actúen.

Entre las muchas ideas y aplicaciones de la teoría de juegos, está el equilibrio de Nash. Este concepto explica que, en cualquier juego finito, existe un punto de equilibrio en el que todos los jugadores pueden tomar la decisión que más les convenga y que ninguno de ellos cambiaría ese rumbo si supieran cuál es la táctica de los demás. En otras palabras, el equilibrio se encuentra en el punto en que convergen los intereses individuales y colectivos y no se puede alcanzar una mayor optimización. Es un compromiso con todas las de la ley. Una solución con la que todo el mundo está contento: ya sea una lista de reproducción, un destino vacacional o la comida para un pícnic.

El equilibrio de Nash y sus consecuencias se usan en campos muy diversos, tanto para comprender cómo los jugadores aliados y contrarios enfocan un problema concreto, como para dar forma a las normas o a las decisiones que pretenden influir en las elecciones de determinados jugadores. Es una convergencia que siempre he buscado con los demás, aunque también me fascina no obtenerla y averiguar por qué. Es más, cuando un grupo de personas cambia —ya sea su composición o las preferencias de los individuos— la naturaleza del equilibrio de Nash evoluciona a su vez.

¿Cómo nos ayuda esto a caminar sobre las brasas de la etiqueta social? Bueno, para empezar nos anima a mirar más allá de nuestra percepción de los acontecimientos y a ponernos en la piel del otro jugador. Dado que la teoría de juegos trata en última instancia de interdependencia —de la manera en que nuestra respuesta depende en parte de las elecciones de otros— no podemos limitarnos a vivir en nuestra cabeza, o tomar decisiones basadas únicamente en nuestro juicio. Nos impulsa a anticipar cómo responderá la otra persona a nuestra pregunta, comentario o sugerencia. ¿Lo que digamos o hagamos va a dar pie a que se ofendan o se enfaden? Si nos basamos en lo que sabemos sobre el jugador en cuestión, el contexto de la interacción y nuestra propia habilidad, ¿cuán probable es que nuestro próximo movimiento logre el resultado deseado? ¿Cuál es el equilibrio de Nash de la situación, donde todo el mundo consigue lo que quiere sin tener que cambiar de rumbo?

Si el MBA permite comprender la etiqueta implícita de un sistema determinado, la teoría de juegos es la técnica para modelar las decisiones posteriores, de manera que concuerden tanto con tus resultados ideales como con las elecciones que otros hacen en paralelo o como reacción. Esta técnica te reconoce no solo como un agente del sistema, sino como un jugador que debe tomar decisiones de forma consciente, basadas en una combinación de conocimiento e ignorancia del resto del tablero. Solo podemos avanzar mapeando los caminos que nuestras decisiones abren —para nosotros mismos y para los demás jugadores— y si elegimos la dirección del equilibrio de Nash (beneficio mutuo) o, si quieres ser no cooperativo, el avance individual.

Utilizo la teoría de juegos para explicar por qué existen ciertos comportamientos y así superar mi incapacidad de detectar la motivación de una persona (especialmente porque estas no suelen ser explícitas). A veces pasan horas, o puede que días, hasta que lo comento con un amigo o familiar, y entonces me doy cuenta de que alguien me ha dicho algo cruel.

Como se me da tan mal «sentir» instintivamente las situaciones desconocidas, tengo que analizar cada conversación y comentario sobre la marcha en mi cabeza. A menudo esto me salva la vida, ya que evita que suelte el genial comentario o la útil observación que habría provocado la exasperación que tan familiar me resulta. Sin embargo, a veces el algoritmo falla, y un chiste inofensivo sobre pelirrojos a mi conductor de Uber de pelo rojizo —cuidadosamente calculado para parecer amable y cercana— desencadena una ofensa instantánea. Y eso que hice un esfuerzo por ser amable después de que mi último viaje, en el que llevaba auriculares, resultara ser incompatible con una buena calificación. También tuve otro percance desafortunado cuando quise consolar a un compañero de trabajo que parecía abatido. Después de buscar en internet las palabras de ánimo adecuadas, la frase que elegí —«¡Vaya pelazo tienes hoy!»— no sirvió de nada. No había tenido en cuenta que era calvo: me cubrí de gloria.

Para mí, la teoría de juegos no trata de ganar, sino de sobrevivir a las experiencias vitales para las que no estoy preparada. Yo no quiero derrotar a los otros jugadores, solo quiero cruzar el tablero sin hacer daño a nadie, como al pobre amigo de mi madre en la fiesta de Navidad.

Esta es la ventaja contraintuitiva de la teoría de juegos. Aunque aparentemente es un manual para la toma de decisiones racionales, también nos recuerda sus límites. Si observamos todo lo que ocurre en nuestras vidas con el prisma de la teoría de juegos, acabaríamos en algo parecido a la distopía que Thomas Hobbes describió en su *Leviatán* como el destino de la humanidad sin un cuerpo político que la uniera. En su ausencia, escribió, la vida humana sería «solitaria, pobre, tosca, embrutecida y breve»: este era el «estado de naturaleza» que creía que solo podía ser contrarrestado con la creación del Estado centralizado. Como adictos a la teoría de juegos, nos convertiríamos en puros *Homo economicus:* jugadores totalmente interesados, animados únicamente por la búsqueda de lo que Hobbes caracterizó como felicidad: la persecución incesante de los deseos de poder y progreso individual que nunca se satisfarán (no, esta felicidad no tiene nada que ver con Felicity Shagwell, el personaje de Austin Powers, como pensé cuando lo leí por primera vez).

La teoría de juegos podría convertirse en el mecanismo que confirmara la visión negativa de los humanos de Hobbes, como criaturas a las que hay que impedir que se hagan daño entre sí, mientras se atropellan en un intento inútil de «ganar» el juego. Pero también nos recuerda la oportunidad contraria de ser *Homo reciprocans,* personas que quieren cooperar con los demás para el beneficio mutuo. La existencia del equilibrio de Nash muestra que la lección final de la teoría de juegos es la interdependencia: todos estamos en el mismo tablero, jugando al mismo juego y, a menudo, dependemos de la ayuda y el apoyo de otros para alcanzar los resultados deseados. La teoría de juegos puede ser egoísta, pero también es uno de los mejores sistemas que conozco para demostrar que todos formamos parte de la misma especie, en el mismo planeta, y que, a pesar de todas nuestras diferencias, compartimos las mismas necesidades y ambiciones esenciales.

No solo aprendemos sobre etiqueta para evitar el bochorno social. También se trata de cómo nos relacionamos con otras personas y culturas, y cómo establecemos conexiones y forjamos reciprocidad. Las pequeñas cosas son las que marcan la diferencia: recoger basura de la calle, aunque no sea tu trabajo; dejar más espacio si te encuentras a una persona en silla de ruedas, aunque no seas su cuidador. Estos pequeños gestos —los que no nos benefician de manera inmediata— nos convierten en una especie social en lugar de una individualista.

La teoría de juegos, que no tiene por qué versar sobre competiciones, es una de las técnicas más importantes para encontrar el terreno común que define nuestras relaciones como seres humanos. Después de todo, si seguimos la lógica de Hobbes, ¿qué otra cosa ha mantenido a la humanidad unida hasta ahora aparte de la necesidad de cooperación? Esto tal vez suene cursi y amable, pero también es —como nos recuerda el cáncer— mortalmente eficiente. Trabajar juntos no solo va de jugar bien, sino de buscar la ruta más eficiente hacia la meta. Y, por eso, las convenciones sociales son primordiales.

Homología

Si el modelo basado en agentes nos ayuda a comprender el contexto local y la teoría de juegos a trazar nuestro camino junto al de otros, la tercera pata del taburete de la etiqueta es la homología: la ciencia de modelar conexiones y similitudes entre diferentes datos.

Aunque estudiar a los otros como agentes y las decisiones de pruebas de estrés en escenarios de juego pueden llevarte muy lejos, no responden a todas las preguntas acerca de las convenciones sociales. ¿Qué hay de lo que te gusta hacer y de cómo encaja en un contexto concreto? ¿Cómo podemos ser nosotros mismos y al mismo tiempo mantenernos dentro de los límites de una situación concreta? ¿Por qué, por ejemplo, es perfectamente aceptable tomarme un té sentada en el suelo de mi casa (después de todo, es el lugar más seguro y con menos distancia de caída), pero está mal visto en la oficina? ¿Qué pasa con el hecho de que me guste remover el té más veces de las socialmente aceptadas porque mi TPS (trastorno del procesamiento sensorial) disfruta de la sensación del metal golpeando la cerámica? ¿Por qué está bien que mi hermana se ría de mi entrecejo al estilo de Frida Kahlo, pero no (os lo juro) que yo le diga que sus cejas pintadas me recuerdan a las de Super Mario? Necesitamos un método para relacionar el comportamiento con el contexto y llenar los vacíos entre nuestro conocimiento e ignorancia de nuevas situaciones.

Ahí es donde entra en juego la homología, que utilizamos para modelar las similitudes entre proteínas. La homología es una técnica fundamental de la bioinformática, mi campo de estudio, y se utiliza para rellenar los vacíos de los conjuntos de datos que aún estamos explorando, infiriendo a partir de casos relacionados. Siempre faltarán algunos datos, pero podemos superarlos utilizando lo que sabemos sobre situaciones equivalentes, para completar lo que no sabemos. Por ejemplo, si se intenta desarrollar un nuevo tratamiento farmacológico para una forma concreta de cáncer y se ha encontrado una proteína adecuada a la que recurrir, hay que establecer su estructura, aquello a lo que se adherirá el tratamiento. La estructura es la clave, pero probablemente no dispongamos de toda la información. En su lugar, tenemos que trabajar con información paralela, observando cómo se adhiere nuestro fármaco a otras proteínas y estableciendo las áreas de similitud. Poco a poco, se avanza hacia una solución, ampliando el área de solapamiento conocida hasta que se hayan creado suficientes conexiones para perfilar el plan de ataque.

Solo podemos trabajar con la información que tenemos sobre los equivalentes actuales del objetivo y los modelos existentes con los que se solaparán. La homología trata de utilizar lo que sabemos para hacer suposiciones razonables sobre lo que no sabemos, creando un mapa de convergencias entre los factores conocidos: los lugares donde nuestra intervención podría marcar la mayor diferencia.

De la misma manera en que empleo la homología en el trabajo para comprender mejor las proteínas y las células que estudio, también es mi método preferido para tratar de establecer conexiones entre los fragmentos de información que recojo sobre la gente que forma parte de mi vida. La investigación y desarrollo de fármacos y la exploración de nuevos entornos humanos comparten el mismo principio básico: las pruebas siempre están incompletas, y nuestra capacidad para llegar al resultado correcto depende de cómo ir desde lo que conocemos hacia lo desconocido.

Pongamos que he estado saliendo con alguien y que quiere presentarme a su familia. Eso significaría adentrarme en una situación nueva, pero sobre la que ya habría reunido ciertas pruebas. Habré obtenido información sobre cómo son sus padres y hermanos, y hasta qué punto se parecen y se diferencian de mi novio. A partir de ahí, podré hacer ciertas deducciones: su sentido del humor, sus intereses, y las cosas que no sería prudente decir o hacer en su presencia. Y cuando llegue el día, empezaré con la persona o el tema con el que me sienta más segura: el punto de convergencia entre todos los datos que me proporcione el terreno más seguro. Una vez en ese entorno, empezaré a estudiar a los agentes y mediante la teoría de juegos decidiré exactamente qué decir y cómo actuar. La homología me permite dar los primeros pasos cruciales hacia lo desconocido y convertir los fragmentos de información en una hipótesis sobre nuevas personas y situaciones para acceder a ellas de forma segura. También explica por qué, generalmente, no hablo con desconocidos, ya que se trata de gente de la que no tengo absolutamente ninguna base con la que trabajar.

En biología, nunca se dispone de suficiente información. Es un pozo sin fondo, ya que cuantos más datos recoges, más preguntas nuevas surgirán. Lidiar con las convenciones sociales no es muy diferente: nunca tienes toda la información que querrías, pero es un punto de partida. La homología enseña a aceptar los límites de lo que sabemos y a sacarle el máximo partido a los datos. También es muy reveladora en cuanto a la diferencia y la individualidad. Aunque mis esfuerzos por comprender las normas y convenciones sociales comenzaron como un deseo de entender las reglas, con el tiempo me he dado cuenta de que lo que realmente importa es la interpretación y los matices individuales. Solo porque dos amigos tengan los ojos azules no significa que a ambos les gusten las zanahorias. Incluso dentro de ámbitos culturales y sociales comunes, las diferencias nos hacen ser nosotros mismos. La homología nos permite descubrir cuáles son y comprender tanto las costumbres colectivas como las peculiaridades individuales que nos convierten en el individuo que somos.

A lo largo de mi odisea con las convenciones sociales he aprendido una cosa, después de todos mis pasos en falso, comentarios desacertados y enfrentamientos con la autoridad, y es que todos nos equivocaremos en algún momento. Con las mejores intenciones —y técnicas de modelado— del mundo, no hay una receta infalible para decir siempre lo correcto y evitar los momentos bochornosos. (Tampoco hace falta, piensa en todas las anécdotas que nos perderíamos).

Mi consejo es olvidar la perfección cuando se trata de nuevas situaciones sociales y profesionales. En lugar de eso, céntrate en reducir el cómputo de errores y en los pequeños logros (que para mí es molestar solo a un máximo de dos personas en un periodo de veinticuatro horas).

Usa las técnicas de observación, cálculo y conexión que acabo de contarte para abrirte camino en las situaciones nuevas y adéntrate solo en terrenos en los que sientas cierto nivel de confianza. No te obsesiones con tus errores (es más fácil decirlo que hacerlo, lo sé) y en lugar de eso céntrate en lo que has aprendido. Siempre hay algo que no sabes; cuanto más aprendas, más tendrás por descubrir. El juego de las convenciones sociales es infinito: nunca se termina. Sin embargo, no se trata de un juego competitivo; de hecho, se trata de posponer las necesidades inmediatas por el bien de otra persona y por el beneficio mutuo.

Sobre todo, recuerda que no se trata necesariamente de lo que digas o hagas, sino de la impresión que transmites a la gente y cómo te gustaría ser recordado. Incluso si te equivocas, el esfuerzo de haberlo intentado ya merece la pena. La gente capta la intención, incluso si no aprecia el gesto en sí mismo. Es mejor aparecer con una sandía no deseada que con las manos vacías.

Epílogo

A medida que trabajaba en este libro y reflexionaba sobre las experiencias que me han llevado hasta este punto, he tratado de identificar el instante en que todo cambió. Sé que hubo un momento, a los diecisiete años, en el que comencé a sentirme humana por primera vez. No era todo el tiempo, y a menudo solo durante una fracción de segundo. Pero, como alguien que siempre se ha sentido marginada, fue transformador. De pronto parecía haber más color, la niebla que invadía mi cabeza se disipó y el mundo de confusión que me rodeaba empezaba a cobrar sentido. Todos los experimentos que había probado y todos los cuasi-algoritmos que había desarrollado para mí misma empezaron a funcionar de repente.

Sin embargo, cuando pienso en esos momentos, no soy capaz de recordar cuál fue el primero; y no sé exactamente qué lo desencadenó. Como una planta que florece en primavera, la sensación de ser humana era algo que solo vi y disfruté *a posteriori*. Lo supe en cuanto lo sentí. Pero no me había dado cuenta de que llegaba el momento ni a qué velocidad.

Aún no estoy «ahí», y puede que nunca lo esté. Parte de mí siempre estará en su propia isla, y me parece bien. (Si tienes una isla, ¿por qué ibas a venderla?) Pero he aprendido que es posible cambiar: no se trata de borrar o renegar de tu verdadero yo, sino de perfeccionarlo, mejorando en el complejo asunto de ser humano, en la forma de planificar nuestras vidas, de gestionar nuestros días, de equilibrar nuestras emociones y de evolucionar en nuestras relaciones.

También he aprendido (o eso creo) lo que exige este proceso. Y, en una palabra, es paciencia.

Quizá sea la mayor de mis numerosas contradicciones. Mi cerebro TDAH es uno de los seres menos pacientes del mundo. Pero como persona, y especialmente como científica, puedo ser concienzudamente paciente. Sé, por experiencia, que las cosas buenas no vienen rápido, los experimentos nunca tienen éxito al primer intento, y solo mediante el fracaso y el aprendizaje de los errores se obtienen avances.

Está claro que no ha sido fácil, y es algo que siempre me costará trabajo. He tenido que pasar por episodios de mucha histeria, arrebatos emocionales y procrastinación para llegar a comprender el valor de la paciencia e, incluso a veces, encarnarla. Me he esforzado por llegar a esto, y ha merecido la pena.

La mejor correlación entre la ciencia y la vida es que ambas son frustrantes y gratificantes a partes iguales para aquellos que perseveran. No hay nada que me entusiasme más en esta vida que un descubrimiento en el laboratorio: ese momento en que la puerta que esconde la solución que buscabas finalmente se abre. Es la novedad del descubrimiento, por pequeño que sea, lo que me confirma que me encanta mi trabajo. Cualquier científico te dirá lo mismo. Como he contado en este libro, he adoptado el mismo enfoque para averiguar cómo vivir y funcionar mejor como humana. Y creo que todo el mundo puede beneficiarse de ello.

Hay cosas que a todos nos gustaría mejorar: sentir más conexión humana, conseguir nuestras ambiciones o mejorar la forma en que las perseguimos.

Esto es posible, pero no es fácil. La mente y el cuerpo son como un atleta que necesita entrenar para mejorar la percepción, la memoria, el procesamiento y la empatía. Es una progresión y no se pueden esperar o exigir resultados rápidos, igual que en el gimnasio. Estos son algunos de los aspectos fundamentales sobre nosotros como personas, y no los cambiarás de la noche a la mañana. Pero, si quieres hacerlo y estás dispuesto a adoptar el mismo nivel de compromiso de un atleta, absolutamente todo es posible. Los conceptos y las técnicas que he destacado son básicamente disciplinas: pueden resultar útiles, pero solo si se entrenan y se utilizan de forma sostenida en el tiempo. Es un proceso acumulativo, como la ciencia. Como todo el mundo, soy el resultado de mis experimentos fallidos: y a mucha honra.

Crecer como persona es increíblemente frustrante, porque nos esforzamos mucho y, durante un tiempo —quizás mucho—, no pasa nada. En ese momento resulta fácil perder la esperanza y rendirse. Pero la verdadera recompensa solo llegará si somos constantes y vencemos a la incertidumbre y las dudas hasta que se produzca el cambio. No es posible planear cómo o cuándo sucederá. Solo cabe ponernos manos a la obra y confiar en el proceso.

Así que no te desesperes cuando un plan, una meta o una relación no salgan como esperabas. Intenta algo diferente la próxima vez. Experimenta y haz las cosas a tu manera. Acepta la humana inevitabilidad de que mejorar en la vida es un proceso lento y gradual. Y, pase lo que pase, no demonices lo que te hace diferente. Acéptalo, como yo, como tu superpoder innato.

Antes de empezar a ir bien, todo irá mal. Empeorar antes de mejorar. Está bien; de hecho, es fundamental. Disfruta de tus experimentos fallidos. Diviértete resolviendo el misterio por tu cuenta. Y no te disculpes por ser tú mismo. Yo nunca lo he hecho, y no tengo la intención de empezar ahora.

Agradecimientos

Estoy eternamente agradecida al equipo editorial: los que me vieron.
Estas son las personas que han hecho posible que esta idea y mi multitud de cuadernos cobren vida: Adam Gauntlett, Josh Davis, Emily Robertson.

Mis profesores y mentores: los que me apoyaron en la escuela y después de ella.
Por la implacable paciencia a la hora de explicarme los temas, inspirándome y creyendo en mí, a pesar de todo. Mis profesores: Keith Rose, Lorraine Paine y Margie Burnet Ward. Mis mentores: Michelle Middleton, Allyson Banyard, Clare Welham, Lesley Morris, Celia Collins, Katy Jepson, Leo Brady y la directora de mi doctorado, Christine Orengo.

Estoy eternamente agradecida a mis amigos: los que lo han visto todo.
A Abigail, mi otra hermana, una de mis mejores amigas, y la persona que me ha dado la confianza para sacar el libro adelante. A la gente del laboratorio (también conocidos como mi familia proteica), que me han apoyado. A Maísa, Elodie, Bruna, Amandine, Pip, Sam y Tina, que me han brindado su constante apoyo y ánimo, y una de mis amigas

más antiguas, Rosie. A Greg, por decirme que las desgracias hacen las buenas historias, y a Rhys, que me animó a seguir escribiendo.

Mi familia: los que *realmente* lo han visto todo.
A Sonia, Peter, Lydia, Roo, Nay, Rob, Jim, Tiger, Lilly, Aggie y la familia Pang. Mis primos Lola, Ruby, Tilly, la tía Sue y Tina, el tío Rob y Huw, y una mención especial al tío Mike y al tío John por hacer la vista gorda cuando cogía prestados para siempre sus libros de ciencia, lo que a su vez alimentó todo este proceso. También estoy muy agradecida a los abuelos Pang —Cheung Fook, Sui Ying— y en memoria de los abuelos Anslow, Francis y Elizabeth (Betty). Esta gente es mi hogar. Siempre están ahí para recordarme de dónde vengo y para aceptar lo que me hace diferente y hacer que me siga emocionando. Sin su apoyo, no estoy segura de si estaría aquí. Gracias a todos, por todo.

Capítulos dedicados a:
1. El equipo editorial, Josh Davis y Emily Robertson (editores) y Adam Gauntlett (agente)
2. Colegas científicos
3. Mi madre Sonia
4. Mentores
5. Mi padre Peter
6. Amigos hípsters
7. Mi hermana Lydia
8. Compañeros de Asperger
9. A los que eran, son, y serán mis amigos
10. A mí de pequeña
11. A los desconocidos que me echaron un cable

Índice onomástico y de materias

Los números en *cursiva* hacen referencia a imágenes.

Sobre la autora

© Greg Barker

Camilla Pang es doctora en Bioquímica por la University College de Londres e investigadora científica posdoctoral especializada en Bioinformática Traslacional. A los ocho años, le diagnosticaron trastorno del espectro autista (TEA) y, a los veintiséis, trastorno por déficit de atención e hiperactividad (TDAH). Su diagnóstico ha tenido una gran influencia en su carrera y sus estudios, y siente una verdadera pasión por comprender a los humanos, nuestros comportamientos y cómo actuamos.

Ático de los Libros le agradece la atención
dedicada a *Cómo ser humano,* de Camilla Pang.
Esperamos que haya disfrutado de la lectura
y le invitamos a visitarnos
en www.aticodeloslibros.com,
donde encontrará más información
sobre nuestras publicaciones.

Si lo desea, puede también seguirnos
a través de Facebook, Twitter o Instagram y suscribirse a
nuestro boletín utilizando su teléfono móvil
para leer los siguientes códigos QR: